国家出版基金项目
教育部人文社科重大委托项目

世界女子高等教育及大学女校长研究

世界大学女校长◆女子大学丛书

世界大学女校长◆女子大学丛书
Series on World Women University Presidents & Women's Universities

国家出版基金项目
NATIONAL PUBLICATION FOUNDATION

MANANA SANADZE

玛娜娜·萨那泽

格鲁吉亚大学校长

王锟 著

中国传媒大学出版社
Communication University of China Press

总 序

百年大计，教育为本。世界各国的经验表明，强国梦必须有科教梦做支撑。科教兴国，是中国的基本国策，是从教育大国到教育强国、从人口大国到人力资源强国的必由之路。高等教育处于教育体系的顶端，是联结科技与教育的重要桥梁。衡量一个国家科技和教育水平的高低，在很大程度上要看这个国家高等教育的水平。

回顾大学的发展历史，我们不难发现，一所大学办学质量的高低，往往取决于校长的水平。世界著名大学发展的每个重要阶段，都铭刻着大学校长的办学理念和思想，正如艾略特之于哈佛大学，蔡元培之于北京大学，梅贻琦之于清华大学。研究大学校长的办学理念和思想，是管窥一所大学兴衰成败的途径，而专门研究大学女校长，则独辟蹊径，别开生面。

中国现代教育史上，大学校长虽以男性居多，然而成就卓著的女校长也不乏其人。她们推动了大学的变革，丰富了大学的精神内涵，如金陵女子大学老校长吴贻芳，复旦大学前校长谢希德，东南大学前校长韦钰，同济大学前校长吴启迪，等等。女校长人数虽然屈指可数，但其业绩丝毫不逊于男性同行。大学女校长为高等教育的发展注入了活力，做出了贡献。大学女校长的治校理念、办学风格乃至传奇的职业生涯，确实值得深入研究和细致品味。

女子大学是高等院校序列中的一种特有形式，为世界高等教育的发展做出了重要贡献。著名的女子大学，如韦尔斯利学院、史密斯学院、淑明女子大学、日本女子大学、御茶之水女子大学，以及中国历史上的金陵女子大学、北京女子师范大学、华南女子大学等，都写下了光辉的篇章，是世界高等教育的重要组成部分。研究世界各国女子大学，总结提炼女子高等教育的办学经验和人才培养模式，探索现代女性接受高等教育的多样化形式，对于寻求符合女性特质的教育理念和教育方法，应该说是一种有益的尝试。

由中国传媒大学承担的教育部重大委托项目——“完善中国现代大学制度视域中世界女子高等教育及大学女校长群体研究”课题，对以上两个领域进行了系统深入的研究。“世界大学女校长·女子大学”丛书，就是这一课题的主要成果。这套丛书分为四个系列：女子高等教育系列，考察全球女子高等教育的发展轨迹，呈现其办学传统和教育特色；中外大学女校长个案研究系列，以人物传记的形式深度追踪大学女校长的人生经历，剖析她们的成长历程、心智历练、办学理念和治校方略；女校长群体研究系列，群像式描绘某一国家或地区的大学女校长群体，彰显女校长个性的同时，探寻她们的共性；“世界大学女校长论坛”图文集锦系列，汇集展示了大学女校长在历届论坛上的真知灼见和绚丽风采。四个系列，四十余本，蔚为大观。

“世界大学女校长·女子大学”丛书，也是“世界大学女校长论坛”历时十三年深入研究高等教育及女性培养结出的硕果，是深化论坛主旨、促进女性事业和教育事业发展的学术行动。丛书的写作，依托“论坛”这一平台，深度访谈和研究了参加历届论坛的大学女校长，系统整理了多年积累的学术成果，可以说，“论坛”既是女校长们交流合作的舞台，也是本套丛书得以出版的重要基础。

自1995年北京第四届世界妇女大会召开以来，世界妇女运动取得了长足的进展，性别平等的高端主题——女性领导力，也已经是全球关注的议题，与女性学相关的课程在中国高校已经四处开花。今天，有识之士都深刻认识到，女性在社会各个领域的创造力和领导力，是推动社会全面发展的动力之一，也是人类文明进步的重要标尺。“世界大学女校长·女子大学”丛书，对于提升女性领导力，具有重要的参考价值，对于知识女性的成长具有积极的引导意义。

大学女校长是高等教育、女性、领导力的集结点，是知识女性的杰出代表，是自尊、自信、自立、自强的典型，她们不但为高等教育的发展做出了应有的贡献，更以自己坚韧顽强、宽厚包容、无私奉献的品质与情怀，阐释了女性领导力的独特内涵。对于广大女性来说，她们是教育典范和女性楷模，具有榜样的力量和示范的价值，定能引领青年女性沿着正确的道路勇敢前行。

女性的发展，既需要社会各方面的支持，更需要女性自身具备积极进取的意志和宽广博大的胸怀。希望丛书的研究成果能产生广泛和深远的影响，为女性高等教育提供宝贵借鉴，为精英女性的成长与成功给予智力支持；促进全社会更加重视女性平等的教育接受权和职业发展权；激励正在为打破“玻璃天花板”而奋斗的新一代女性，为女性领导力的培育与提高奠定坚实基础。

是为序。

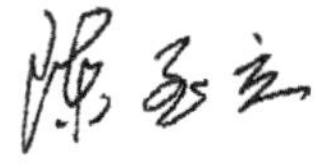

2014年7月

前 言

我在中国传媒大学工作近五十年，其中有三十多年在学校领导岗位上任职。这些经历让我有更多的机会体悟、思考女性接受高等教育的重要、女性走向领导岗位的不易。

早在1996年，我即萌生组织世界各国为数不多的大学女校长进行交流合作的想法，但当时忙于学校的学科建设和转型，这一想法被搁置下来。直到2001年，在诸多同事的帮助下，我才将这一构想变成现实，召开了大学女校长“新世纪高等教育发展战略国际论坛”。此后论坛每隔两至三年举办一次。2006年，论坛挂靠中国教育国际交流协会,组建了世界大学女校长论坛组委会，负责论坛的筹划、组织工作；2009年，在江苏有关部门的关心和支持下，成立了江苏中外大学女校长教育发展基金会，为论坛筹集资金。迄今，世界大学女校长论坛已在中国北京、南京、厦门举办五届，并在新西兰、日本、美国、土耳其、津巴布韦和墨西哥等地召开六次分论坛，吸引了79个国家的800余人次大学女校长。

十年来，在与各国大学女校长的交流互动中，我深刻地感受到，女性在高等教育领域作为决策者和领军者可谓凤毛麟角,其人生历练和办学实践值得浓墨重书。翻阅每位女校长的简历、细读她们给论坛提交的论文，总能激起我发自内心的共鸣，赞佩她们的治校理念、管理智慧和人格魅力。每一位女校长都拥有鲜为人知的心路历程、卓尔不凡的领导能力与永载史册的辉煌业绩。

我的一位好友、著名女性传记作家赵凤翔教授曾说："女人要写女人。"这给了我很大启发——女校长要研究女校长。追溯大学女校长成长、成才、成功的道路，总结女性领导力的形成规律和独特优势，开展大学女校长及女性领导力研究，出版相关研究成果，就成为"世界大学女校长论坛"活动的自然延伸。

2010年，我们筹划设立了"完善中国现代大学制度视域中世界女子高等教育及大学女校长研究"课题，组织来自中国传媒大学等单位80余人的研究团队，选定34个国家80余位大学女校长，进行个案研究和群像描绘；对23个国家的女子大学进行历史梳理与全面考察。2011年，这一课题获得教育部人文社科重大委托项目立项；2013年，由该课题主要研究成果结集而成的"世界大学女校长·女子大学"丛书，获得国家出版基金资助。

这套丛书由四个系列组成，具有三个鲜明特点。四个系列：女子高等教育系列、中外大学女校长个案研究系列、女校长群体研究系列和"世界大学女校长论坛"图文集锦系列。三个特点：一是全景式描述。丛书对世界范围内大学女校长及女子高等教育，首次进行比较全面的观照和挖掘。女校长研究既有共性的揭示与比较，又有个性的剖析与呈现；女子高等教育研究既有全球视野的巡礼，又有具体国别的探究。二是人物传记式的写作方法。丛书以访谈当事人、发掘第一手资料为基础，研究和写作的过程力求再现传主的人生轨迹、突出其办学理念和治校业绩。三是可读性强。传主的真知和作者的匠心历历可见，读者能够在图文并茂中感受到智慧和灵感的融会。

这套丛书是对女性通过教育追求真善美、通过自身努力彰显智仁勇的真实颂扬。著名女作家冰心曾说：这个世界如果没有女人，就会失去十分之五的真、十分之六的善、十分之七的美。女性不仅是真善美的化身，也应是智仁勇的写照。阅读这套丛书，我们可以了解到，女性如何通过交流互鉴，凝聚智慧、取得共识；体认困境，直面现实、自立自强；付诸行动，同心同力、坚持不懈。

这套丛书是对“女性是改造世界的温柔力量”的生动诠释。置身于男性居主导地位的社会管理体系中，女性要取得成功，需要充分展现女性特质，发挥女性优势，要以女性特有的视角观察、思考、解决问题。阅读这套丛书，我们可以看到女校长们如何在战略决策上，高瞻远瞩，运筹帷幄，引领未来；在具体工作中，体贴入微、心系师生，用愿景激励师生，用行动示范师生，用厚德包容之心协理校务；在领导风格上，追求完美和精致，重视以人为本，在管理中实现个人的发展与事业发展的契合。

这套丛书是对高等教育及大学女校长社会价值的全面展示。众所周知，高等教育是形塑社会结构及价值体系的重要载体，大学校长是具有社会象征、示范和引导意义的特殊群体。女性接受高等教育、女性担任大学校长，在改变高等教育生态的同时，也在潜移默化地影响着社会结构变迁、家庭角色分工、社会责任担当、时代价值导向。阅读这套丛书，我们可以看到女子高等教育和大学女校长的发展历程，正是社会不断进步、两性趋于平等的见证，而她们成长的艰辛和不易，也呼吁现代社会迈向更加平等、公正、和谐的完善之路。

丛书已然油墨飘香，感激的话语也充溢心头。感谢江苏中外大学女校长教育发展基金会为项目提供启动经费，感谢教育部将此课题列为人文社科重大委托项目，感谢国家新闻出版广电总局提供国家出版基金资助。特别感谢十一届全国人大常委会副委员长、第十届全国妇联主席陈至立女士担任项目和丛书的总顾问，并欣然作序。

感谢这套丛书的传主、作者和编审们。他们在繁忙的本职工作之余见缝插针，千方百计，保证了任务圆满完成。传主们倾力支持、积极配合；作者们夜以继日，数易其稿；编审们孜孜不倦，精益求精。这种认真负责的精神，令人感叹。课题跨越四载，屡遭挫折，历尽艰辛，常常使我们困扰于“山重水复疑无路”，而殚精竭虑之后的新意迭出，又使我们惊喜于“柳暗花明又一村”。我相信，不久的将来，作者之中定会有著名的传记作家、女性研究专家脱颖而出。

感谢中国传媒大学文科科研处、出版社，为项目的完成和丛书的出版提供了有力保障。丛书煌煌五十本，从策划、组织、申报、撰写到编辑、装帧，学校教师及出版社职工都是主力军，都是可靠、堪用、高效的突击队。如今项目和丛书按期完成、保质保量出版，我要向他们衷心致谢！

任何一项事业，都是“一人启其端，百人扬其华”。我只是一个组织者、牵线者，项目得以完结、丛书得以问世，应归功于各位热心的支持者、参与者。让每一位年轻的女性都能自由地筑梦、勇敢地追梦、幸福地圆梦，是我最乐意为之奔忙的事业。我们期待，有更多的有识之士能参与到这一有意义的工作中来。

刘继南

2014年7月于北京

玛娜娜·萨那泽（1953—　）

1953年9月28日出生于格鲁吉亚首都第比利斯。自幼酷爱国际象棋，曾两次荣获全国国际象棋比赛亚军。在第比利斯国立大学完成从本科至博士的系统教育，毕业后留校任教。著名的历史学家，参与出版45部学术著作，其中6部为个人专著。研究领域包括南高加索和近东古代史、中世纪格鲁吉亚历史、家族谱系研究与历史地理学等。

2004年，玛娜娜·萨那泽创办格鲁吉亚大学，现已成为格鲁吉亚乃至外高加索地区规模最大的私立大学。2013年，因其在学术研究与教育方面的杰出贡献，荣获格鲁吉亚“总统勋章”。

Manana Sanadze was born in Tbilisi, Georgia on September 28, 1953. She excels in chess and was a twice Silver Medal Winner in Chess Championship. She completed her higher education in Tbilisi State University and graduated with a PhD. She is a historian and her main research interests are South Caucasus and near east ancient history, medieval Georgian history, phylon studies and historical geography.

In 2004, Manana Sanadze founded the University of Georgia and she then became the Rector. To acknowledge her outstanding contribution in the fields of academic research and education, she was awarded the Presidential Order of Excellence in 2013.

目　录

写在前面的话

少年时代，她就两次荣获全国国际象棋比赛亚军。当酷爱国际象棋的格鲁吉亚人期待棋坛神话再创辉时，她选择了离开……

她在国内排名第一的第比利斯国立大学完成从本科至博士的系统学习，留校任教期间成为令格鲁吉亚骄傲的世界级历史学家，同时兼任重要的行政管理职务。当身边很多人羡慕她的锦绣前程时，她选择了离开……

她用卖掉沙发、电视机的1000美元作为启动资金，仅十年时间就缔造了格鲁吉亚乃至外高加索地区最为知名的私立大学。而今，她立志要将格鲁吉亚大学建设成世界一流的私立大学，梦想仍在前行……

2013年，她荣获格鲁吉亚“总统勋章”。

她就是玛娜娜·萨那泽。

如果你是到第比利斯一游的过客，或许会在美丽清新的街巷中不经意地遇到这位中等身材、面容和善的女子。

当她抬眼望向你的刹那，你就会感受到那一双淡蓝色眸子的与众不同：笑意盈然的深处透露出无比清亮的神采，充溢着对于生命与生活的热烈情绪——仿佛出现在身边的每一个人、每一件事都是最珍贵的恩赐，值得去好好享受每时每刻的惊喜。几条浅浅的皱纹在眼角周围舒展着，那样的自由自在令人只想去感谢时间赐予的积淀和睿智，而非青春时光一去不回的叹惋。

若与她交流，你恐怕会讶异于那连珠一般的语速，大量信息像是越过了双耳直达大脑。当她已然说完你却多半还没有消化，下意识地愣怔一会儿，或傻傻地问"请您再说一遍好吗？"少见的快速表达与丰富语调令人难忘。若你随口打听起格鲁吉亚或第比利斯的历史或名胜古迹，那么她的反应会让你更为惊讶，也许更多的是惊喜。她会将这个国家每一个时期每一个地方的历史顺手拈来，滔滔不绝地从公元前的原始人头骨说到下届的总统大选，从格鲁吉亚西部农具的变迁聊到金碧辉煌的圣三一大教堂的尖顶。只要你有足够的时间与耐心，她似乎能够把所有关于格鲁吉亚这个国家和民族的点点滴滴事无巨细地倾倒给你。广博的学识令人肃然起敬，而在每一个词语中迸发出的对这片土地的深沉热爱则更加令人由衷感佩。

这位格鲁吉亚女子的一言一行甚或一个眼神、一个笑容都那样清澈而热烈，散发出令人难以抵挡的魅力。这种魅力源于事业成功凝聚起的自信与智慧，也源于家庭幸福带来的纯粹与丰富。

她走过了怎样的人生之路？她的成功来自上帝无微不至的宠眷还是自始至终孜孜不倦的执着追求？在妻子、母亲、历史学家、大学校长这些截然不同的身份和角色之间，她如何游刃有余地转换与平衡？

让我们走近玛娜娜·萨那泽，用心感受这位杰出女性在生命每一个阶段的自由热烈、求索奋进，并细细品味那如格鲁吉亚葡萄酒一样醇香的内蕴芳华。

请允许笔者以本书的标题联成一首小诗，并以此开启这段精彩人生的体验之旅吧：

绚烂人生扬帆起，

上下求索路漫漫。

同舟共济不相离，

跃马扬鞭辟新天。

第一章　绚烂人生扬帆起

一、“上帝后花园”

玛娜娜·萨那泽出生于格鲁吉亚的首都第比利斯。

或许对于许多人来讲，格鲁吉亚是一个完全陌生的国度，甚至连名字也没有听说过。但若追溯根源，我们很容易就会在希腊神话中找到它的独特地位。

传说在遥远的黑海岸边，有个地方叫科尔喀斯，那里珍藏着象征财富和幸福的金羊毛。数不清的英雄豪杰想方设法要得到它，最终却都难逃死于非命的噩运。希腊的英雄伊阿宋却无所畏惧地和朋友们驾驶着著名的“阿尔戈号”航船来到这片神秘的土地，在美丽的科尔喀斯公主美狄亚的帮助下战胜了凶猛可怕的恶魔武士、喷火毒龙，得到了极为珍贵的金羊毛。

作为古希腊神话中的著名英雄人物，伊阿宋被颂扬流传了千百年，而那个有着金羊毛、恶魔武士、喷火毒龙的科尔喀斯同样牵引着人们的想象。

在欧洲与亚洲的交界线上，黑海与里海在相隔不远处对望，而层层起伏的高加索山脉横亘其中，将两片蓝色海域宛如不规则的天平般连在一起。高加索山脉的南侧就是外高加索，由格鲁吉亚、亚美尼亚、阿塞拜疆三个面积并不大的国家组成。其中的格鲁吉亚，便是古希腊时期的科尔喀斯。

在传说中，金羊毛、喷火毒龙与伊阿宋曾经乘坐的“阿尔戈号”航船在功成身退之后都被天神宙斯升上天空。或许当你无意间举头望向繁星点点的夜空，就会看到它们已化为永恒的身影——山羊座、天龙座与南船座三个星座。

根据历史考证，古希腊神话大约形成于公元前8世纪。那么，在历经3000年之后，科尔喀斯这个神秘之地又会是怎样的一番景象呢？

> 国土面积6.97万平方公里[①]，位于连接欧亚大陆的外高加索中西部，包括外高加索整个黑海沿岸、库拉河中游和库拉河支流阿拉扎尼河谷地。西邻黑海，西南与土耳其接壤，北与俄罗斯接壤，东南和阿塞拜疆及亚美尼亚共和国毗邻。全境约2/3为山地和山前地带，低地仅占13%，大部海拔在1000米以上，属高加索山区。北部是大高加索山脉，南部是小高加索山脉，中间为山间低地、平原和高原。西部沿海一带为平原，其间为库拉河谷及里奥尼河谷平原。大高加索山脉有许多海拔4000米以上的山峰，境内最高峰什哈拉峰，海拔为5068米。主要河流有库拉河

① 含2008年宣布独立的阿布哈兹、南奥塞梯。

和里奥尼河、帕拉瓦纳湖和里察湖等。西部为湿润的亚热带海洋性气候，东部为干燥的亚热带气候。各地气候垂直变化显著，海拔490～610米地带为亚热带气候，较高处气候偏寒；海拔2000米以上地带为高山气候，无夏季；3500米以上终年积雪，并有冰川。年降水量西部1000–3000毫米，东部300–800毫米。锰、煤、铜等矿藏及水力丰富。①

格鲁吉亚或许从来就不是世人千百年来在想象中勾画出来的那个科尔喀斯，至少格鲁吉亚人并不认同这样的描述。他们通常津津乐道于另一段更为久远的传说。上帝在给不同民族划分土地的时候，绝大多数民族都早早来到上帝的面前，热切期盼能够分得肥沃的土地。贪杯的格鲁吉亚人却因酒醉而酣睡不醒，当他们终于从宿醉中清醒过来的时候，土地已经被分配完毕。上帝生气地问：你们为什么喝得酩酊大醉？格鲁吉亚人乖巧地回答：是为了感谢上帝您的恩赐啊。上帝闻言大喜，便把自己的花园赐给了格鲁吉亚人。自此，“上帝后花园”的称呼便从此流传下来。

“上帝后花园”，一个多么容易让人产生无限遐思，并为之向往的称呼！要怎样的美丽才足以让万能的上帝也忍不住将之划归为人类不能窥视的私人领地呢？身处其中的人们在这片上帝恩赐的土地上又享受着怎样的额外福泽呢？

格鲁吉亚多山。高加索山脉横亘全国，占据了绝大多数的国土，绵延不绝的山脉散发出浑厚刚毅的气质。海拔4000米以上的高山如什哈拉峰、卡兹别克山、乌尔根山等等，巍然雄伟，令人想起宋

① http://baike.baidu.com/link?url=6SPcPrIYzLphWOKb2bLaW7qY5snReil_2Ewff4kn-3siknxGDxMi_RR9DF453Gtq

玉《高唐赋》中“盘岸巑岏，裖陈硙硙。磐石险峻，倾崎崖颓。岩岖参差，纵横相追”的句子。山顶上常年不化的积雪与冰川更为这些山脉增添了几分神奇瑰丽与不凡气魄。即使是首都第比利斯这样人口集中的地方，亦是依山而建，在任何一个季节，都可以感受到裹挟着力度亦带着扑面清爽的山风袭来。

格鲁吉亚多水。境内30多条河流蜿蜒曲折，或如库拉河那样处子般羞涩婉约、施施漫漫，又或如若埃克瓦拉瀑布那样仿佛如脱兔一般飞流直下、浩浩洋洋，但大多都在数百公里的徐行追逐之后，汇入了西边的黑海与东边的里海。矿泉是格鲁吉亚水资源的另一大特色，1400多个矿泉区中超过半数是温泉或热泉，含有较高的硫化氢，具有显著的医疗作用。因而盛产矿泉的地区如博尔若米、加格拉、苏呼米等地都已成为著名的矿泉疗养区，吸引着世界各地的人们前来享受这大自然的慷慨馈赠。

格鲁吉亚多树。格鲁吉亚森林覆盖面积超过40%，随着地势的高低不同，种类各异的树木蓊蓊郁郁，毫无滋扰地自由生长，橡树、柞树、山毛榉、云杉、松树、冷杉……森林中随处可见难以合抱的大树，不知已历经几百甚或上千年的风雨雪露。树干大多被湿润的苔藓覆盖，泛出墨绿或深黑色的莹润，正可谓“郁萧条其幽蔼兮，滃泛沛以丰隆”（《汉书·扬雄传》）。就连草地也在纯净通透的阳光下恣肆生长，比别处更加茂密张扬，彰显出与众不同的旺盛生命力。

格鲁吉亚气候宜人。大片的森林使格鲁吉亚成了大氧吧，空气中负离子含量极高。而三百多公里的黑海海岸线更是天然的温度调节器，为夏季带来一丝凉爽，为冬季留下一份温暖。

遍览这巍峨的山、潋滟的水、丰茂的树，呼吸着最纯净的空气，享受着舒适的气候，格鲁吉亚人津津乐道的“上帝后花园”果真名副其实。置身其中，不由令人想起那个“烟销日出不见人，欸乃一声山水绿”（柳宗元《渔翁》）的渔翁，在清丽的山水间不被纷扰世间所羁绊的那份洒脱与爽然。

地处欧亚交界的格鲁吉亚是连接欧洲、亚洲两块大陆的天然纽带，在古代是丝绸之路的必经之地，在现代也是欧亚交通走廊上的重要一环，东西（黑海和里海）、南北（俄罗斯和土耳其）四个方向在此交汇。拥有如此重要的战略位置，又具备独特的地理环境与优良的自然条件，却没有强大的国家力量进行自我保护，因此在格鲁吉亚悠久的历史发展进程中，总是一次又一次地被其他国家入侵或吞并。

长期遭受的入侵，为格鲁吉亚人带来了屈辱与痛苦，另一方面，却也使其成为东西方文化的融汇之地，造就了格鲁吉亚多彩和独特的文明。在格鲁吉亚的文化中占据了重要地位的基督教，就是伴随着战争进入的。

地理环境使格鲁吉亚无法逃脱被入侵的历史命运，却也赋予了格鲁吉亚人如高山那般坚强刚毅、如阔水那般爽朗真挚的民族性格，其中又夹杂着些许由优越的生存条件带来的闲适与自在。曾有人调侃，与国土面积弱小形成强烈对比的，是格鲁吉亚人心胸的“大气”。格鲁吉亚人对于生活质量的要求很高，这其中更多的是指精神上的满足与自由。

对于格鲁吉亚人来讲，有两件事情特别重要。一是喝酒。葡萄酒是谈到格鲁吉亚无法避过的关键词之一。在“上帝后花园”的故事中，格鲁吉亚人因为它错失了上帝赐封土地的机会，也正是因为它才得到了这片最美丽的土地。

考古学家曾在格鲁吉亚境内发现了迄今7000—8000年前石器时代的葡萄酒遗迹，被世界公认为是葡萄酒的发源地。这一方面是因其具备了最适合的自然条件，如纯净的空气、丰沛的水源、肥沃的土壤、良好的气候、充足的日照，但更重要的是，格鲁吉亚人性格中的悠游自在、热情好客与葡萄酒的优雅浪漫、醇厚芳香有着天然的契合。对于格鲁吉亚人来讲，葡萄酒不是高端大气上档次的奢侈品，而是像柴米油盐一样不可缺少的日常生活必需品。无须正式场合的宴会，亦未必是高朋满座的聚会，只是一时兴起，便可端起酒杯让一时的兴致发酵至沉醉。酿造葡萄酒更是如做饭一样，是家家户户日常生活的一部分。

二是度假。无论贫富贵贱，对于任何一个家庭与个人来讲，度假都是一年中最重要的事情。夏季开着二手车奔向黑海，在岸边不远处的古老森林间寻到两棵高大的树木撑起吊床，然后换上泳衣趴在黑色沙滩上晒日光浴，细沙的温热透过肌肤舒适无比。孩子们在海边捡贝壳或堆沙堡的清脆笑声荡漾在耳畔，从海面上袭来的凉爽海风轻轻拂去空气中所有的燥热，此刻的惬意确实无与伦比。冬季则更不能辜负了世界顶级滑雪胜地的名号，高空缆车会平稳快速地送你直上海拔两三千米的雪山顶峰。凝望着远处白雪皑皑的起伏峰峦，呼吸着冰凉纯净的空气，然后脚踩滑雪板一冲而下，在数千米的滑道中感受障碍滑雪、越野滑雪、大小回转，在无垠冰雪中随心变幻着身姿，该又是怎样的激情与刺激！

或许正是因为生长于这样的美丽土地上，格鲁吉亚人才没有强烈的物质欲望吧，他们从不舍得将时间和精力浪费在追逐无尽的身外之物上，而是注重享受生活，注重让心灵感受到由衷的自由与快乐。

二、古都藏韵致

格鲁吉亚的首都第比利斯作为有着1500多年历史的著名古都与文化名城，在高加索地区声名显赫，更为“上帝后花园”增添了深厚的文化底蕴与浪漫的艺术气息。在这样的氛围中，每一个生命都是自由自在的个体，对真善美有着天然的热爱。

库拉河依然保留着400年前那弯弯的弓形，一路绵延30多公里，从青碧色的峡谷中自西北向东南川流而去。第比利斯整座城

夕阳下，俯瞰美丽的第比利斯城区

市沿着库拉河两岸以阶梯式向山麓蔓延。老城区与新城区以库拉河作为天然分界线，流露出完全不同的风韵气质。左岸是老城，以古色古香的历史韵味胜出；右岸是新城，现代时尚气息浓厚。市中心是格鲁吉亚政府大厦、剧院和博物馆，6条街道从市中心向不同方向辐射，交通很是便利。鲁斯塔维利大街是城区的主要街道，两侧分布着诸多世界名牌的专卖店，处处显示出西方现代都市的气息。但是沿着主干道上的小巷深入之后，就会发现里面深藏的都是外表古旧的老房屋。这些老房屋大都建于苏联时期，历经数十年乃至近百年的风风雨雨，颇有年迈之意，但是依旧坚固结实，外墙壁上的浮雕也清晰可辨，于精美中透露出无尽的沧桑。

古老的第比利斯有着独特的艺术气息。雕塑是一大特点，第比利斯市中心的自由广场上伫立着格鲁吉亚保护神圣乔治骑马屠龙的高大雕塑。更具代表性的则是城市东部素罗拉克山脊上矗立着的“母亲雕像”。20多米高的雕像是为了庆祝第比利斯建成1500周年而建立的，高大雄浑，通体呈乳白色，在明亮的阳光下，散发出熠熠的光彩。她长发披肩，头戴花环，左手执碗高高举起，右手执剑横在身前。母亲雕像是第比利斯城市的标志，也是格鲁吉亚国家的象征。除此之外，在城市街道两侧与大型十字路口的转盘中心也往往立着各种各样大大小小的雕塑，有的是充满了民族特色的写实之作，有的则呈现出现代抽象风格，但都为古老的城市增添了一道靓丽风景。油画是第比利斯艺术气息的另一个体现。不仅家家户户都悬挂油画作为装饰，孩子们更是从小就学习油画。在市中心博物馆门前，每天都有草根画家现场作画，或是画在画布上，或是画在石头上，或是画在骨头上，甚至是画在树叶上，既有艺术感又透着丝丝新趣。

距离第比利斯不远处，就是卡兹别吉雪峰，高大地屹立在那里。希腊神话中普罗米修斯为人类偷取火种之后，就被宙斯绑缚于这座山峰的悬崖上，每日受尽鹫鹰啄食心脏之苦。如今，早已没有了普罗米修斯，只有万年不化的积雪静静地守护着如诗如画的古城与生于斯长于斯的人们。

三、尘封埋旧事

多年以后，当玛娜娜带着我们穿过第比利斯东部一条极其普通的小巷，停留在巷口那座粉红色二层小楼前面的时候，我能感受到玛娜娜眼底那一丝温馨与宁静。“上帝后花园”的独特与美丽既是大自然的恩赐，也是悠远历史积淀的结果。翻开历史的书页，那掩藏在美丽外表下的丰富内涵，便以一种早已平静淡然的姿态展露出来。

就是这座小楼，不仅见证了19世纪20年代初苏联布尔什维克进入格鲁吉亚后的历史，更直接目睹了玛娜娜家庭早期的变迁，还有她最值得怀念的童年。

1917年俄罗斯十月革命的成功，给备受侵略的格鲁吉亚带来了新的希望与憧憬。1921年格鲁吉亚正式成为苏联加盟国之一。

在加入苏联之后，格鲁吉亚的社会经济得到了长足的发展，这在一定程度上得益于格鲁吉亚是苏联最高领导人斯大林的故乡。1879年，斯大林出生于格鲁吉亚小城哥里一个普通的鞋匠家庭，原姓朱加什维利，并在那里的教会小学读书。1894年，斯大林到首都

玛娜娜童年时期生活过的粉红色小楼

第比利斯的东正教会中学读书，他的革命活动就是从此处起步——加入俄国社会民主工党，组织罢工、发放传单，为布尔什维克活动募集资金等，最终成为苏联最高领导人。

当斯大林成为苏联共产党中央委员会总书记、苏联部长会议主席、苏联大元帅之后，就对他的故乡格鲁吉亚进行了惊人的投资。

第比利斯就此展开了前所未有的大规模城市建设。在封建时期与19世纪被俄罗斯吞并之后，第比利斯城区都经过不同程度的改建，但规模都无法与苏联时期的这次建设相提并论。

这座粉红色的二层小楼就是那个特殊时代的产物。将近一百年之后的今天，它安静地立在路边，墙壁虽然几经粉刷，却仍有剥落的痕迹，仿佛品尝过人生酸甜苦辣各色滋味之后又重新归于平淡沉默的老人，将自己的阅历沧桑都深深地隐藏起来，成为不为人瞩目的存在。但百年之前，它俨然是先进、美丽、宽敞乃至豪奢的代名词。一楼窗户是坚实硬朗的长方形，风格简洁，没有过多装饰。二楼的窗户则是弧形，弧顶上有精致的花草浮雕呈对称状散开，两侧窗框是白色柱形，颇具中世纪欧洲优雅浪漫的韵致。三米多高的大门颇显壮观，每侧两根一人难以合抱的白色柱子撑起廊厦。廊厦顶部被建成二层阳台，以欧式围栏圈住，四个角落种植了葡萄树，每年夏秋时节便形成密不透风的葡萄架。前面是种满花草的小院子，各色鲜花争奇斗艳，几株爬山虎在粉红色墙壁的背景下绿得分外鲜明，看似弱小实则坚韧的触须紧抓墙壁，勉力向上。院子中间是两棵相距不远的李子树，都只是一人多高的幼苗，但抽出的嫩绿枝叶却焕发着无尽的生命力，在灿烂阳光下张扬着生命的美丽。

通过廊厦便是弧形的欧式大门，棕色木制门上有巴洛克风格的浮雕图案，入目是坚实平稳的楼梯，淡雅的清漆格外明亮光滑。楼梯护栏上同样是巴洛克风格的镂空植物花纹：鲜花盛放则朵朵花瓣尽情舒展，细小的花蕊包裹其中，仿佛正在清晨的微风中轻颤；含苞待放则层层叠叠紧拥一处，上面的露珠似乎透着清凉之意，将滴未滴；叶子则或卷或舒，姿态各异，清晰可辨的叶脉顺着叶子的姿态自然蜷曲。上下两层十余个房间宽敞明亮、布局合理，一南一北两个大阳台更是开阔了视野，让外面的景物为房间增添了些许生动的意趣。里面的配套设施与家居用品也是十分先进，单看桌上端端正正地摆放着的电话——百年前还极少见的先进技术的代表——便清楚明白地彰显着主人非同一般的身份与地位。

这栋小楼的主人就是时任国家对外联络部部长米契尔·卡瓦加拉泽——玛娜娜的外公。小楼建好后，政府就将其分配给了米契尔，但他并未将小楼完全据为己有，而是只保留了二层东侧的一部分，剩余的大半则主动让给了住房紧张的同事。

那时的外公是一个精干利索的中年人，而外婆丽达·斯彻那娃则贤惠美丽，他们有四个孩子，三女一子，很显然这是一个家境富裕、和谐幸福的格鲁吉亚家庭。玛娜娜外公一家在这栋小楼中安静地生活了十余年，直到那场空前的政治浩劫——“苏联肃反运动”袭来。

生活本就是如此，塞翁失马焉知非福，有时明明山穷水尽岂料转眼柳暗花明，更有那物盛而衰、乐极生悲的苦痛甚至绝望非人力所能逆转。

那时的外公一家是许多人羡慕的对象，他们自己对于这样平静美满的生活也非常满意。米契尔在政府中身居高位，事业蒸蒸日上，前景一片大好。当“苏联肃反运动”迅速席卷各个苏维埃社会主义加盟国的时候，他们面对突如其来的变故难以接受。

1991年6月，苏联解体前夕，苏联国家安全委员会主席克留奇科夫公布了一个数字：1920年到1953年，苏联约有420万人遭到镇压，其中200多万人是在“肃反运动”中受到镇压的。身处最接近权力中心的米契尔，自然也最容易在政治风潮中受到波及。他几乎是毫无悬念地成为那200多万人中的一个，在1937年“肃反运动”初期即被枪决。

男主人的猝然离去无疑为这个家庭带来了灭顶之灾，美满和幸福都以这一刻为界线变成永远的回忆。然而即使现实再残酷灰暗，生活也还是要继续。粉红色的小楼依旧，但女主人曾经的温柔贤惠变成了刚毅坚韧，携着四个孩子在种种艰难中踉跄向前。令人欣慰的是，孩子们终于慢慢健康长大，并开始踏上属于自己的生活道路。

四、幸福满童年

1953年9月28日，一声新生婴儿的啼哭为整个家庭带来了新的活力与希望。她的啼哭在亲人听来无异于最动人的天籁，带来了源自心底最深处的无尽喜悦。

窗外是第比利斯最迷人的九月天空，窗内的床上躺着一个粉雕玉琢的新生婴儿，眼睛明亮有神，细密的胎发柔软蜷曲，在阳光中轻微闪着金黄色的光泽。这就是初生的玛娜娜。

玛娜娜的母亲奈丽是外公米契尔的二女儿，此刻正安静地侧躺着，时而轻轻抚摸玛娜娜的小脑袋，手指顺着小脸慢慢滑下，时而把那柔嫩的小手放在自己的唇边亲吻，眼神中是盛载不下的温柔。幼小的玛娜娜偶尔无意识地发出模糊的声音，妈妈的嘴角便自然地弯了又弯。玛娜娜的到来

玛娜娜的母亲奈丽

无疑让初为人母的奈丽，很快就适应并满足于这个新的角色。

但是玛娜娜的到来，并没有受到父亲弗拉基米尔的欢迎。尽管弗拉基米尔是受过高等教育的知识分子，对于很多事情他都持有开明与宽容的心态。但是，他还是未能免俗——按照格鲁吉亚的传统，所有的家庭都希望第一个孩子是男孩。

或许对任何一个以农耕为主要生产方式的国家来讲，男性高高在上的地位自古以来都是顺理成章的。尽管随着社会进步，文明程度大大提高，女性的社会地位也有所提升，但是“重男轻女”

母亲奈丽抱着幼时的玛娜娜

的思想还是难以完全避免。作为传统的农业国家，格鲁吉亚也不例外。

头生子是女儿的事实冲淡了弗拉基米尔初为人父的喜悦，他无法掩饰自己的失望与不满。之后的20多天里，他都不愿意去面对身体尚未恢复的妻子与刚刚来到这个世界上的女儿。那段时间他最常做的一件事就是一个人躺在床上，面对着冰冷的墙壁。

格鲁吉亚的传统女人大多温柔顺从，往往只是家庭或丈夫的附庸，丈夫的情绪会直接影响到妻子和孩子的生活状况。幸好，玛娜娜的母亲奈丽不是刻板、因循守旧之人。奈丽出身于相对民主开明的家庭，受过高等教育，并且在格鲁吉亚科技大学担任教师，这样的成长经历赋予了她独立的人格与思想。即使能够理解丈夫的不满情绪，她却没有任何自暴自弃的想法，依然坚定地用最好的方法养育着自己的女儿。

妈妈和身体依然健康硬朗的外婆全身心地照顾玛娜娜。玛娜娜从小就非常乖巧，出生没多久的她似乎懂得体谅家人的辛苦，很少哭闹，不论是吃奶还是睡觉都很有规律。随着一天天过去，婴儿的变化越来越大，眼睛更加灵动，总是好奇地看来看去，已经可以与人进行眼神的沟通交流，经常目不转睛地盯着出现在眼前的人或物，小脸蛋上红润的光泽越来越明显，四肢更加灵活，蹬蹬小腿或挥挥小手，自己在婴儿床里玩得不亦乐乎。

妈妈和外婆在照料玛娜娜的过程中虽然疲累，却也得到了无限的满足，经常被她无意识的举动逗得开怀大笑。爸爸的心结还没有完全打开，但是血浓于水的亲情与初为人父的好奇驱使他不断靠近玛娜娜。有时候他看到玛娜娜躺在那里自得其乐地把小手放在嘴里津津有味地吮吸，有时候他看到玛娜娜舒服地偎在妈妈怀里心满意足地吃奶，有时候他看到玛娜娜张大小嘴不停哭泣却始终没有眼泪……那个小小的婴孩无时无刻不在变化，她的头发、她的眼睛、她的皮肤、她的动作……

弗拉基米尔是格鲁吉亚实验物理学科的开创者和奠基者，在他之前格鲁吉亚只有关于理论物理的研究。他的父亲母亲都是生活在格鲁吉亚的犹太人，而他本人出生于第比利斯东部的一个小城，后来到第比利斯上大学直到博士毕业，毕业后便留在了第比利斯的格鲁吉亚科技大学工作。20世纪40年代，父母相继离世，他也在第比利斯找到了自己的爱情。于是自1951年结婚后，第比利斯就成了他永久的家。

生命是世间最奇妙的事物，而当初正是因为对大自然中各种现象抱有强烈的好奇心，弗拉基米尔才会在大学中选择了物理专业，希望能够追寻并发掘事物的规律和本质。而现在，世界上最奇妙的事情正真切地发生在自己身边，他怎么能不被吸引？当他终于忍不住抱起那个柔弱的小人儿，望着那清澈明亮的眼睛时，刹那间他几乎迷醉其中。相同的血脉在彼此身体中流动，这样的体验让他陌生又激动。

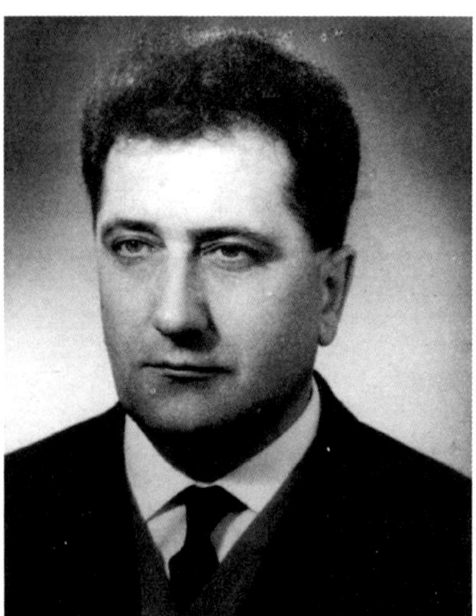

玛娜娜的父亲弗拉基米尔

接下来的事情便在意料

之中了，新手爸爸开始正式进入角色。只要时间允许，弗拉基米尔就会用最快的速度赶回家照顾婴儿：洗澡、换尿布、逗弄孩子……未能得到儿子的失望很快一扫而光，曾让他失望的女儿摇身一变成了他最心爱的宝贝。看到这样的转变，妈妈和外婆在对视中不由会心一笑。

玛娜娜的到来给粉红色的小楼带来了久违的欢笑声，这样的

孩提时期的玛娜娜是全家的小公主

幸福与满足终于回归，尽管这个回归的过程太过漫长与痛苦。

这时距离“二战”结束不到十年，包括格鲁吉亚在内的整个苏联社会的物资相对匮乏，但是玛娜娜作为家庭的第一个孩子，却得到了家庭所能给予的最好照顾：营养丰富的饮食、可爱漂亮的公主裙、各式各样的玩具……即使是最细微的地方也没有忽视。多年后玛娜娜的表兄米哈伊尔调侃道：“玛娜娜可是全家最受重视的小公主，她出生时如果玩具不小心掉到地上，会立刻有人拿去消毒而且至少三遍！而她的大弟弟出生后玩具掉了只会消毒一遍，当她的小弟弟出生后如果玩具掉了，只会有人捡起来递给他，没人会想起来消毒这回事了！”

大弟弟在玛娜娜两岁时出生，他的名字与父亲的完全一

玛娜娜少时与两个弟弟小弗拉基米尔和古拉姆在一起

样——弗拉基米尔·萨那泽。经常有人说，名字不过是一个符号和称呼而已，但在很多国家和地区的文化传统中，名字更多传达出的是父母或长辈对孩子的祝福和期待。这个与自己完全相同的名字清晰地传达出父亲对大儿子的喜爱与期望。小弗拉基米尔显然没让父亲失望，他的眉眼轮廓与父亲非常相像，连安静沉稳的气质都如出一辙。一年多以后，玛娜娜的二弟弟古拉姆出生，小古拉姆圆圆的脸庞上总是带着开心的笑容，金黄色的头发蜷曲跳跃着，秀气可爱。

两个弟弟的到来给全家人带来了更多喜悦，但玛娜娜的公主地位并没有改变。尤其是对外婆来讲，五个外孙中只有这一个女孩，“物以稀为贵嘛，从小到大外婆最疼爱的就是我了，”玛娜娜多年后回忆起童年，总是带着眷恋不舍的神色，偶尔有一丝藏不住的顽皮与狡黠。

春天的雨季是玛娜娜的最爱。春末第比利斯雨季的时候，层层细密的雨丝会将整个城市笼罩其中。这时的第比利斯与平时的清澈透底完全不同，而是展现出另一种朦胧的美丽。每到雨天，四五岁的玛娜娜就会趴在阳台上，双手托着圆圆的脸庞，安静地看着窗外的风景，细耳倾听雨幕中传来的“叮叮”声——那是街道上来回往返的有轨电车到站的提示音，清脆悦耳的回响宛如烟雨中的快乐精灵。爸爸妈妈和外婆对于玛娜娜的这个习惯——或者说得更准确一些，是这个爱好，给予了充分的尊重，大家都不会在这个时候去打扰她。幼小的玛娜娜就这样望着窗外的雨景，完全沉浸在自己的世界里，没有人知道她在想些什么，或许她什么都没想，只是单纯地被这份美丽所吸引。

与众不同的城市、与众不同的雨，还有让她完全放飞心灵的小小阳台，组成了玛娜娜童年中最美丽的角落。从那时候起，大自然的美丽便与这颗心灵深深牵系在一起。即使在以后最困难的阶段，这颗心也依然坚强乐观，因为它早已学会从大自然的美丽中寻找慰藉。

夏天的第比利斯依然凉爽宜人，虽然温度有时会高达36℃—37℃，甚至少数情况下会达到40℃，但是作为依山而建的城市，源源不断的山风总会及时驱散令人难耐的暑热。粉红色小楼的夏季是层层叠叠、深深浅浅的绿。院子里的两棵树已经长成，树冠浓密，绿油油的叶子中间点缀着鹅黄色的小小果实；爬山虎密密实实，几乎包围了整栋楼，从屋顶上垂下来的几支新绿是最别致的天然窗帘。院子里的大部分地面上是随意生长的小草，几株鲜花点缀其中，显然并未经过精心整饬，但在这种随意中弥漫的却是最真实亲切的生活气息。

玛娜娜在夏季最喜欢做的事情就是在院子里走来走去，翻遍每一个小石子和每一棵小草，尤其是大树下更不能有任何遗漏，她正在寻觅幸运石或护身符。玛娜娜从小就听妈妈讲各种童话故事，里面的王子和公主总是拥有神秘的幸运石或护身符，帮助他们达成各种心愿。玛娜娜也有个小小的心愿：要找到一块幸运石，然后变成男孩子！四五岁的小孩子已然在性别差异上有了初步认识，尽管爸爸妈妈对三个孩子同样关爱，但是玛娜娜对于两个弟弟与自己的各种不同还是深感好奇，衣服不同，玩具也不一样，好像弟弟们在玩耍时也有着各种特权。玛娜娜的心愿自然没能达成，但院子里的每一株鲜花和小草却在寻找幸运石的过程中都成了她熟悉的朋友。

秋季来临，阳台葡萄架挂满了一串串沉甸甸的紫红果实。对于格鲁吉亚人来说，葡萄不只是一种水果，而是有着特殊的意义。它深深根植于民族文化的方方面面——宛若葡萄藤形状弯曲缠绕的格鲁吉亚文字，宗教传说中充满神秘色彩的圣尼诺葡萄枝编成的十字架，频频出现于格鲁吉亚传说、神话和歌曲中的葡萄藤……更重要的，还有那给格鲁吉亚人带来无限民族自豪感的葡萄酒。

妈妈和外婆将一串串成熟的葡萄剪下来，堆满了一个又一个箩筐，玛娜娜和弟弟们在阳台上追逐嬉戏，经过箩筐旁边时总会忍不住摘一个迅速放在嘴里，酸酸甜甜的滋味不时引来孩子们的一片

玛娜娜与弟弟在院子里骑木马

笑声。院子里的李子树同样硕果累累，爸爸拿来梯子、篮子开始了另一轮收获。小姐弟们站在树下伸长脖子抬头羡慕的样子，让爸爸忍俊不禁。爸爸的下一个动作更是让孩子们惊喜地大叫起来——爸爸一个个把他们高高抱起，小手竭力伸长在浓密的树叶间探寻着果实，然后使劲往下拽，可惜力道掌握不好，成熟的李子从树上摘下来的同时往往也被抓破了，红色的汁液顺着小手往下流，不由又引来一阵大笑。

冬季的第比利斯是雪的世界。雪总是洋洋洒洒遮天蔽日地下着，整个城市很快就成了银装素裹的世界。院子里装不下的清脆笑声一直蔓延到外面去。三个孩子穿着厚厚的棉服，裹得像臃肿的小熊那样笨重可爱，却影响不了灵活的身手，抓起大把的雪团成雪球，瞄准目标扔出去，“打中了！”伴随着孩子们欢叫的，是爸爸妈妈故作凄惨的大喊大叫。打完雪仗不必清扫院子，把所有的雪集中到一起，堆成一个巨大的雪人，圆圆的脸圆圆的身体。玛娜娜捡了黑色的石子做成眼睛和嘴巴，外婆恰到好处地从窗口扔出来一根胡萝卜，而调皮的古拉姆则拖着比他还高的笤帚艰难地一步步挪过来：这个放在雪人手里！

安静的冬季夜晚，玛娜娜喜欢坐在壁炉旁边看书。壁炉里熊熊的火光给屋内涂上一层金黄色，温暖而明亮。玛娜娜的手中是俄文版的中国故事，这是妈妈给她特意找来的。愚公移山、刻舟求剑、掩耳盗铃……一个个有趣的故事里面蕴含着深刻的道理。玛娜娜对中国寓言故事情有独钟，对这个陌生而遥远的国度充满了好奇与向往。这些故事深深地印在她的脑海中，多年以后她仍能对其中的很多内容津津乐道。另外，《格林童话》、《伊索寓言》也是她的钟爱，同时她还开始尝试阅读经典的格鲁吉亚文学作品《虎皮武士》。

三个孩子健康成长着，虽然每个孩子都有不同的性格特点，但他们面对生活都是同样的乐观积极，面对他人都是同样的友爱善意。

这一点当然与爸爸妈妈良好的教育背景分不开。格鲁吉亚的教育素质普遍比较高，而弗拉基米尔和奈丽更是其中的佼佼者。弗拉基米尔是国内具有很高名望的实验物理学家，而奈丽也同样是大学教师。良好的教育背景让他们在孩子的教育方面游刃有余。父亲性格温和，对孩子们永远都是和颜悦色，而母亲自我要求非常严格，但对孩子们并不严厉。在孩子的教育问题上，夫妻二人颇为一致，即让孩子们自由发展。但这并不意味着放任自流，放纵他们随心所欲，而是更加注重合理引导，为他们提供多种尝试的可能，创造接触各种事物的机会。

玛娜娜一家与邻居们相处融洽，有事情时互相照料，闲暇时则经常聚在一起吃饭或娱乐。成人之间的友谊直接影响了孩子们的关系，附近的小孩子每天都会聚在一起玩到天黑才各自回家。玛娜娜喜欢跟女孩儿们玩“跳房子”的游戏，用粉笔在地上画出10个“小房子”，跳来跳去，像只快乐的小兔子。

每到周末，邻居们会相约一起去郊游，这也是最受孩子们欢迎的乐事。依山而建的第比利斯有着休闲度假的天然优势，人们不必出行很远就会找到好山好水的宜人风景。大家在破旧的“拉达”汽车——苏联时期的一种老牌小货车，带着小型的拖斗——上挤来挤去，一路歌声一路欢笑地来到森林里。大人们寻找开阔的空地，铺上野餐垫，摆好各种自制的美味佳肴与家酿的葡萄酒，或下棋或聊天；孩子们则早已欢叫着四散跑开去，女孩子寻觅最漂亮的野花编成五颜六色的花环，男孩子兴致勃勃地采摘各种美味浆果……在大自然的怀抱中，每个人都全心全意地享受着，除了风景的悦目怡人，还有人与人之间亲密无间的心灵交流。

黑海度假是绝大多数格鲁吉亚家庭夏季的保留节目。弗拉基米尔和奈丽每年夏天都会带着孩子们来到黑海之滨，或在海滩上玩耍或在海水中畅游。冬季到山上滑雪也是不可缺少的项目，冰天雪地之中，孩子们在父母的帮助下穿上滑板，在冰道上小心翼翼地尝试着，努力控制平衡。摔跤自然是难以避免，但与享受大自然的恩赐相比，这点疼痛实在不值一提。

玛娜娜（右一）儿时与亲戚朋友一起郊游

和谐幸福的家庭环境培养了玛娜娜与家人之间最为亲密的关系，也让她学会了如何去体贴关心别人。作为姐姐，她从小就跟着妈妈学习如何照料弟弟们。虽然姐弟间年龄相差并不大，但她总是牢记着姐姐的身份，有好吃的总是留给两个弟弟，如果弟弟在外面玩被人欺负了，她就气势汹汹地去“报仇”……

如果弟弟们表现不好，她也会摆出姐姐的身份和架子毫不客

姐弟三人与父亲一起滑雪

气地批评他们。有一年夏天全家人与蕾阿娜阿姨一家一起到乡间度假。妈妈在家做饭，阿姨则带着孩子们一起到森林中探险。大弟弟小弗拉基米尔的手指不小心被树枝划破了，可是无论如何都不肯让别人帮忙包扎，哭着要妈妈。此时已经距离乡间别墅有一段不近的距离，大家无奈之下，只得放弃探险计划，重新往回走。那一年玛娜娜只有5岁，在回去的路上，她不停地批评教育还只有3岁的弟弟，给他摆事实讲道理，告诉他面对困难应该坚强，更不能因为自己的一点小事就影响到所有人。

多年以后，当83岁的蕾阿娜阿姨回忆起这一件毫不起眼的小事时，忍不住感慨道：玛娜娜实在是从孩提时代就已经展露出了教育的天分。

五、少女动棋坛

在玛娜娜六岁的时候，全家从粉红色小楼搬到了位于第比利斯西部的“教授楼”。这栋L形的五层建筑组成了一个独立的生活小区，每一个从里面走出来的人都是格鲁吉亚不同学术领域的精英与代表。这是政府为第比利斯国立大学与格鲁吉亚科技大学的教授和高级学者专门兴建的居住区。崇尚教育的第比利斯人带着尊敬与羡慕将这栋建筑称为“教授楼”。

如果说粉红色小楼承载着玛娜娜最甜蜜幸福的童年回忆，那么生活在“教授楼”的那段日子则开启了玛娜娜人生新的一页。在这里，一个不谙世事的懵懂儿童迅速成长为受到全国瞩目的国际象棋高手。

国际象棋在格鲁吉亚是极为流行的体育项目，一度给这个弱小的国家带来了长达30多年的世界性荣誉光环。关于国际象棋的源头要追溯至十月革命。当时苏联的国家领导人大力提倡普及国际象棋，列宁还亲自担任苏联国际象棋协会的第一任名誉会长，他说“国际象棋是人类智慧的体操”，激发了人们对于象棋的热情。因为下棋简单方便，在消磨了时间的同时也得到了快乐，这与格鲁吉亚人喜好安逸的天性一拍即合。有了这种肥沃的土壤，格鲁吉尔国际象棋高手层出不穷。尤其是诺娜·加普林达什维利、玛雅·齐布尔达尼泽两位

玛娜娜的母亲奈丽（左一）与朋友下国际象棋

棋后曾经一统国际象棋棋坛30年（1962年—1991年），无人能与之争锋。荣誉的光环使格鲁吉亚人对国际象棋更加热爱。在第比利斯的大街小巷随处可见举棋对弈的男男女女，而不会下象棋的人，则要做好心理准备时刻迎接别人不可思议的目光。

玛娜娜的父亲弗拉基米尔和母亲奈丽对这项“智慧的体操”也甚为偏爱，时不时地在家里摆上一局开战，经常在闲暇时与邻居或朋友们杀上一盘。玛娜娜从出生起便习惯了这样的场景。开始她只是搬个小凳子坐在旁边看，大人们偶尔会夸这个小姑娘很安静懂事，后来却经常看到她拿着棋子煞有介事地摆来摆去。父母亲一向鼓励孩子们尝试不同事物，于是便教她和两个弟弟下棋。

最初大家不过是抱着游戏的心态而已，没过多久，玛娜娜在国际象棋上的天赋便显露出来，棋艺一般的父亲很快就从教练的角色退出，在与女儿的对阵中只能甘拜下风。意识到女儿在国际象棋方面超乎寻常的天分，父母亲便开始有意进行培养发掘。除了棋艺较好的妈妈经常陪练之外，更是为她积极寻找更好的老师和更好的学习发展平台。

在格鲁吉亚，这样的平台找起来并不难——声名赫赫的“少年宫国际象棋社团”是众所周知的国际象棋爱好者的圣地。痴迷于国际象棋的青少年无不渴望进入这里，以得到世界高手的指点和熏陶，而父母们也以自己的孩子能进入其中学习作为莫大的荣耀。

前国际棋联主席坎波马内斯曾说：“世界上最好的女棋手都出自第比利斯的一条街上。”这条街就是鲁斯塔维利大街，而这个由世界著名棋手卡尔舍拉泽创办于1941年的“少年宫国际象棋社团”就是女棋手的摇篮。从这里先后走出了诺娜·加普林达什维利、玛雅·齐布尔达尼泽两位占据世界冠军宝座30年的棋后，也走出了世界亚军阿历山德莉娅、约谢里亚妮、阿赫梅洛芙斯卡娅，以及多次获得全苏联冠军的“希望之星”阿拉哈米亚，还有一大批世界青少年冠军。

当然，这些是后来的荣誉了。在玛娜娜少儿时期，这个社团刚刚创办不久，还远未到它的辉煌时代，但凭借着创办者世界级国际象棋高手卡尔舍拉泽的名气，就已经成为国际象棋爱好者向往的殿堂。但是，进入这个殿堂显然不是那么容易的事，它需要的是非同凡响的天赋和毅力。在经过一系列选拔之后，8岁的玛娜娜如愿以偿，正式成为国际象棋社团中的一员。

少年宫位于第比利斯主干道鲁斯塔维利大街上一座特别显眼的二层白色建筑内。一楼和二楼的正面都用几十根粗壮的方形柱子围成了一字形回廊，颇具敦实厚重的气势，从柱间弧形的拱门望进去则有幽深之感。这栋已有200多年历史的建筑本是19世纪初期沙皇俄国兼并格鲁吉亚时设立的外交部政府大楼。1918年5月26日，格鲁吉亚的“独立宣言”就是在这里签署的。“十月革命”后被收归国有，重新装修之后成为少年宫。

通过拱门是大厅，大厅同样用方形柱子撑起，虽然开阔但光线略有些昏暗。大厅后面的楼梯在拐弯处一分为二通向二楼。穿过大厅的后门，眼前顿时另有天地。原来这栋建筑围成了一个四合院，院子里高大的树木、木制的长椅、小巧的喷泉、如茵的灌木组合成了一个独立、静谧的空间。

少年宫里有艺术、舞蹈、语言等几十个社团，院子后面的二层小楼左侧的国际象棋社团是最突出的一个。四个相邻的教室有着同样的简单陈设：桌子、椅子，桌上摆放整齐的国际象棋。多年后的今天，我们步入其中，映入眼帘的除了与当年完全一样的桌椅和象棋之外，更令人震撼的则是挂满墙壁的世界冠军的照片、奖牌，以及靠墙的橱窗内拥挤的奖杯。

当玛娜娜进入少年宫开始专业的国际象棋学习时，已经是一名小学生。她所在的第比利斯国立小学是全国最好的小学之一，三面凹形的三层教学楼里面设施齐备。除了对学习要求严格之外，学校还非常重视学生综合素质的培养。但即使是在最优秀的学校中，

少年宫国际象棋社团训练室

天资聪颖的玛娜娜也不会被埋没。她学习成绩非常优秀，而且知识广博，老师们提的问题，她几乎无所不知。不论是在同学还是老师当中，玛娜娜都有着很高的知名度。但玛娜娜对这些并没有太多感受，因为这时她的全部心思都放在国际象棋上。

第比利斯国立小学距离少年宫仅有百米之遥。刚刚进入国际象棋社团时，她每周去学习三次，但国际象棋那黑白相间的方格子似乎有着非同凡响的魅力，吸引着玛娜娜全心沉浸其中。于是每周三次的频率很快被打破，变成了每天下午3点一放学，她就会迫不及待地向少年宫奔去。

玛娜娜的少年时光就在家—学校—少年宫的“三点一线”中度过。国际象棋占据了她全部的课余时间和精力。她不像大多数格鲁吉亚少女那样喜爱装扮自己，首饰、新衣服统统不感兴趣，朋友们的聚会、郊游也很少参加。即使夏季与家人一起去度假，她也会带上心爱的象棋。无论是在黑海之滨，还是在乡间森林，随时随地她都会摆开棋盘，缠着爸爸、妈妈、弟弟乃至亲戚朋友们与她对弈。甚至有几次，实在按捺不住内心对国际象棋的狂热，顽皮狡黠的她竟以“参加比赛”为理由向老师请假，偷偷溜到少年宫去下棋。

这样痴迷学习了几年之后，玛娜娜的象棋水平毫无意外地突飞猛进，开始陆续参加不同级别和层次的比赛：第比利斯青少年国际象棋比赛、格鲁吉亚青少年国际象棋比赛等，都取得了优异成绩。她不同寻常的天分受到了少年宫教练的重视，于是逐渐把她当作专业种子选手进行培养。

玛娜娜的同学玛瑞娜清楚地记得，这个小女孩很是与众不同，除了很少参加同学们的集体活动之外，更明显的区别就是，大家除了周末每天都按时去学校，而玛娜娜则是阶段性地去学校学习，因为每隔一段时间她就要去参加封闭式集训或到外地参加比赛。而每次比赛回来都是载誉凯旋，学校里会举办庆祝会，为玛娜娜庆功。

1968年，玛娜娜第一次参加格鲁吉亚全国国际象棋女子成年组比赛。在21天的赛程中，14位选手展开激烈的车轮赛。玛娜娜虽是年龄最小的参赛选手，却没有半点怯场，最终荣获亚军，比冠军选手娜娜·桑德利亚只少了0.5分。娜娜比玛娜娜大四岁，两人既是一同住在“教授楼”的邻居，又是同一所小学的校友，更是少年宫国际象棋社团的队友，两人在学习、生活、训练上互相鼓励督促，是最好的朋友。

玛娜娜与两个弟弟在郊游时下棋

这次比赛之后，学校送给了玛娜娜一本又厚又大的地图集作为奖励，扉页上写着“祝玛娜娜一生成功！”玛娜娜十分喜爱，精心保存至今。大学毕业后，玛娜娜有很长一段时间致力于格鲁吉亚历史的研究，搜集并出版了不同时代的格鲁吉亚地图集，这与她少年时获得的这个奖品似乎冥冥中有不可分割的联系。由此可见，玛娜娜的天资与兴趣并不仅仅表现在国际象棋上。

中国古人曾云：“好船者溺，好骑者堕，君子各以所好为祸。”（《越绝书·外传记吴王占梦》）但这句话并不适用于沉迷在国际象棋黑白格子中的玛娜娜。她从未玩物丧志，不论是在小学还是中学期间，她的各门成绩都很优秀，大多数科目都是满分5分，从来没有过3分以下的记录。国际象棋不仅没有影响她的学习，反而起到了重要的促进作用。成年后的玛娜娜多次提到国际象棋对她人生的帮助：“国际象棋锻炼了我的逻辑思维能力，而且让我有更加敏锐的反应力，同时也更有耐心和毅力。而这些是我在学习和工作上取得成绩的基础。”当少年宫里许多国际象棋青少年选手将下棋当作唯一，将学习抛之脑后的时候，玛娜娜却在每次比赛归来，都全力以赴地将所有落下来的功课补上，如果哪一门课略有吃力，父母亲就会请来最好的家教辅导她。知识的学习与兴趣的培养对玛娜娜来讲从来不是对立的，而是向前迈步的两条腿，缺了哪一部分生命都不再完整。

1969年，此时的玛娜娜娇小灵动，对内是家庭、学校、少年宫的宠儿，对外则已经成为蜚声国内外国际象棋界的明星少女。她的生活一帆风顺，一切顺遂所愿，让同龄人艳羡不已。但人生从来不是一眼就可以望到头的直线。就是在这一年，玛娜娜经历了人生的第一次挫折。

这一年，玛娜娜经过层层选拔，以高超的国际象棋水平被推荐作为格鲁吉亚的代表参加全苏联国际象棋女子成人组比赛。

由于苏联国际象棋水平在很长时期内都毫无疑问地居于世界之首，从1927年有了国际象棋女子比赛之后，冠军就一直都是苏联选手的囊中之物。从第一位国际象棋女子冠军维拉·明契克到后面的柳德米拉·鲁丹科、叶丽萨维塔·贝科娃、奥尔迦·鲁布佐娃、诺娜·加普林达什维利、玛雅·奇布尔达尼泽，尽管她们来自不同的加盟国，但都是苏联选手。在1991年中国国际象棋选手谢军进入国际象棋界之前，世界冠军一直是在苏联选手内部产生。因此全苏联国际象棋比赛毫无疑义是世界最顶尖水平的赛事。

能入围此次比赛对玛娜娜来讲是一次重要的机会，也是对她国际象棋水平的肯定。玛娜娜与家人同样为之兴奋不已，可兴奋之余却不得不面对另外一个令人纠结的问题：比赛时间是7月份，恰恰是玛娜娜高考的时间。参加比赛还是参加高考？二者只能择其一。放弃高考？以玛娜娜优异的学习成绩，考上格鲁吉亚最好的大学是毫无悬念的事。放弃比赛？几经拼杀直到入围着实不易。父母亲态度明确：只要是你真心的选择，不在内心留下遗憾，怎样选择家里都全力支持。

几番权衡掂量，玛娜娜最终决定放弃高考，毕竟高考以后还有机会，明年再参加一次就是，但错失这样高水准的比赛却可能遗憾终生。就这样，玛娜娜全身心投入到比赛前最紧张的集训中。家人和少年宫在各方面都提供了最好的照顾，不让她有一丝一毫的分心。

比赛时间很快临近，妈妈已经为她准备好了行装，这时的玛娜娜已经是一名久经沙场的老将了。当妈妈陪同玛娜娜带着家人朋友的祝福和希望坐上驶向莫斯科的火车的时候，谁也没有想到突如其来的变故就从火车上开始了。在火车行进途中，玛娜娜身体突然感觉不舒服，全身皮肤变黄，精神萎靡不振。火车到站后，妈妈不得不立刻带玛娜娜去医院检查。随后的几天，玛娜娜的症状越来越严重，恶心呕吐、全身疼痛无力，只能住院接受治疗。

艰难地几经抉择，终于决心放弃高考，谁料想一心要在顶尖赛事中与高手们一决高下的梦想却在最后一刻功亏一篑。玛娜娜和妈妈惋惜沮丧至极。比赛的那一天，玛娜娜躺在病床上情绪低落，默默无语，妈妈只有好言劝慰开解。不过玛娜娜很快便从失望的情绪中恢复过来，重新投入到学习和训练中去，为下一次的机会做着更加全面的努力和准备。

时间很快到了1970年。这一年玛娜娜的生活发生了天翻地覆的变化。前一年的无功而返让争强好胜的玛娜娜以更加坚韧的心志重新回到棋坛磨炼提升。她的棋艺更加精湛，再次被推荐去白俄罗斯的明斯克参加全苏联国际象棋比赛，过五关斩六将之后，最终以最小的参赛年龄荣获亚军殊荣。少年宫的教练与同学朋友们都认为，玛娜娜在国际象棋上的天分还未全部发掘出来，她具有问鼎冠军的潜力！她必将是专业国家队的最佳人选，然后在世界国际象棋界叱咤风云、称王封后。这条道路是那样顺理成章、水到渠成，不仅会被各种荣誉光环笼罩，单从提高物质生活条件上来讲也是最佳捷径。毕竟当时全苏联的生活水平普遍不高，物资较为匮乏，而国际象棋在格鲁吉亚备受拥趸，一旦成为专业国家队员，在世界比赛中崭露头角，就可以获得很多方面的便利和特殊待遇。这时她的

玛娜娜（右一）参加国际象棋比赛

队友娜娜已经成为国家队的一员。

然而玛娜娜却做出了让所有人大吃一惊、无法理解的选择：放弃国际象棋！

多年以后，她回忆起那段辉煌的过往，坦率地披露了自己内心真正的想法：我很喜欢下国际象棋，但是在比赛中，过于注重最终的结果，而忽略了享受这个过程，所以每次都会很紧张，尤其是在自己逐渐成为受到全国人民关注的明星选手后，这样的紧张情绪更加明显。所有人，包括我的教练，也没有察觉到这一点，而只有十几岁的我更没有意识到问题所在。如果当时有人意识到我的心理问题，并给予专业的帮助，或许我会走得更远。

心理的因素固然是玛娜娜放弃国际象棋的一个原因。但是，更重要的却是她的生活发生了根本的变化，而这种变化无法让她再将国际象棋作为生活唯一的中心。这一年她以极其优异的成绩考取了格鲁吉亚最好的大学——第比利斯国立大学的本硕连读。以玛娜娜认真执着的性格，不会对任何事情持敷衍应付的态度。下国际象棋如此，在学习上更是这样。中小学时期，即使经常要参加集训和比赛，但只要努力就可以把那些有限的功课全部补上。但上大学之后，她却突然发现跌进了知识的海洋，除了自己的专业，还有各种各样的选修课、讲座、社团……在知识分子家庭中长大的玛娜娜，对知识文化的重视和推崇自幼便在潜移默化中深入骨髓。每一个不同的专业领域都是一扇不同风景的窗。玛娜娜被牢牢吸引住了。

1970年玛娜娜（中排右四）参加全苏联国际象棋比赛时的合影

她不希望自己的一生只有国际象棋这一件事情，她要尝试不同的专业领域，要品尝不同的人生滋味！她把曾以全部精力用来钻研的国际象棋重新定位成是一种兴趣爱好，而不是为之奉献一生的事业。这种选择让她有难过，也有不舍，但却毅然决然。

娜娜为玛娜娜的中途改弦易辙伤心不已，她一直盼望着有一天两人成为世界国际象棋界的一对“霸王姐妹花”。娜娜后来从格鲁吉亚国际象棋国家队退役后，就在少年宫国际象棋社团担任负责人，为培养下一代棋手费尽心思。至今已年过半百的她还是能够清晰地回忆起少年时的玛娜娜，“她胆大心细，反应敏捷，虽然年龄是我们之中最小的，但是下起棋来颇有大将之风。她有相当大的潜力进军国际棋坛。所以她的离开，对于国际象棋界而言，是一个损失。”

但那时的玛娜娜，早已被另一扇刚刚打开的大门吸引住了全部的视线。就这样，在教练和朋友们的惋惜中，玛娜娜告别了锻炼了她的思维、磨炼了她的毅力，也给她带来了无数荣誉的国际象棋棋坛。

第二章　上下求索路漫漫

一、学海畅游洒青春

第比利斯国立大学创建于1918年，是格鲁吉亚乃至高加索地区创建最早的大学，开创了格鲁吉亚近现代高等教育的先河。悠久的历史赋予了这所学校与众不同的底蕴与气度。

在绿荫掩映的恰夫恰瓦泽大街路边有一段并不起眼的台阶，已被岁月磨蚀了的层层阶梯直通向上方。拾级至顶端顿觉眼前一亮：两侧的树林中整齐地排列着格鲁吉亚名人雕塑，灌木丛全部修整成简洁的艺术造型，大片的草坪翠绿成茵，前方是开阔的广场，广场中间则矗立着大学创办者伊万·雅瓦希什维利的全身塑像。穿过广场便是第比利斯国立大学的主楼。整栋楼呈“口”字形，虽然只有三层，但正前方的中心部分每层都有五六米高，气势宏伟，欧式弧形窗户则增添了些许灵动。同样是三层的两侧配楼对称着向两边散开，然后呈直角向后转去。在将近一百年前的格鲁吉亚，如此庞大的建筑设计可谓是大手笔。

1970年至1975年，玛娜娜在这里度过了五年大学本科和硕士的学习生涯。在少年时代，玛娜娜的生活充实而单调，绝大部分时间和精力都用在国际象棋上。到了大学时期，开始步入青年的她心胸豁然开朗，兴趣和爱好也随之增多。她不停地汲取多方面的知识，对生活充满了好奇。

玛娜娜所在的东方学系土耳其语专业设立于20世纪40年代。她选择土耳其语专业，是为了从另一个角度更好地认识自己的祖国格鲁吉亚。格鲁吉亚南部与土耳其接壤，而且这两个相邻国家有着悠久的历史渊源。历史上土耳其在强盛时期多次入侵格鲁吉亚，但也促进了格鲁吉亚的发展。至今两个国家在政治、经济、军事、文化等多方面都有着密切的合作，乃至在生活习俗上也有很多相似之

第比利斯国立大学主楼

处。在格鲁吉亚历史发展的许多重要阶段都能找到土耳其的影子，甚至由于历史原因，西格鲁吉亚的部分土地并入了土耳其。

当时的东方学系是比较前沿的专业，第比利斯国立大学是唯一开设这个专业的学校，而且招收的学生也很少，高考竞争难度相当大。玛娜娜所在的1970级土耳其语专业只招收九个人。不过人数虽然少了，却也有了另外的好处，就是大家的关系更加亲密无间。

玛娜娜在上大学前就已经是全国著名的国际象棋高手，报纸上经常出现有关她的报道。在这个热爱国际象棋的国度里，几乎所有的老师和同学都早已久闻玛娜娜的大名。刚开学时玛娜娜还没有放弃国际象棋，经常去集训或参加比赛，老师和同学们很少见到她。于是同学们之间便有了猜测，已经是名人的玛娜娜想必是很难接近吧?飞扬跋扈还是拒人于千里之外? 第一个学期结束后，玛娜娜彻底放弃了做专业国际象棋选手的道路，完全投入到了大学生活中，很快就融入到同学们中间去。大家才发现，原来盛名之下的玛娜娜竟是如此平易开朗、聪明可爱。

玛娜娜的大学同学拉莉·列维亚至今都还记得在大学走廊里初次见到玛娜娜时的情景："她穿着咖啡色的长裙，抱着几本书，站在教学楼的走廊里，很安静地思考什么问题。我走过去问她，同学们要出去玩，她要不要去。她很开心地回答说：当然要一起去啊。之前的安静一下子就变得很活泼灵动，一点儿都没有名人的架子。从那以后我们就成了好朋友，一直到现在。"

大学最大的魅力就是自由与自觉地学习，只要你愿意，就可以找到时间、精力和条件学习所有感兴趣的东西，正是这一点让玛娜娜放弃了深爱的国际象棋。

玛娜娜好像一条在岸边搁浅了许久的鲸鱼重归大海，那种享受知识的乐趣与幸福绝非每个大学生都能体会得到。除了自己的专业土耳其语，她还选修了英语、阿拉伯语、伊朗语和亚美尼亚语。

玛娜娜对于语言有着非同一般的兴趣，还在少年时期她就梦想着将来能说多种语言，与世界各地的人们沟通交流，了解不同国家和民族的文化历史。即使是在中学阶段，她的精力还主要放在国际象棋上的时候，她就选修了德语。少年时期的玛娜娜就已经能说非常流利的德语了。

大学为玛娜娜提供了更为便利的条件。除了课堂学习之外，图书馆几乎成了她的第二个家，老师们更是经常被玛娜娜缠着追根问底。与此同时，玛娜娜也成了所有老师的心头最爱："从来没见过这么努力的学生！"

除了课堂上的学习，玛娜娜还特别喜欢到处参观考察。阿胡什是教授伊朗语的教师，同时他还是格鲁吉亚著名的诗人。四十多岁的他知识渊博，性情和蔼，极受学生们的爱戴。夏天的每个周末阿胡什都会带领学生们去游览名胜古迹，让他们去亲自观察、触摸格鲁吉亚悠久的历史变迁和文明的发展脉络。第比利斯东部的姆茨赫塔古城是他们常去的地方之一。这里是格鲁吉亚第一个基督教堂季瓦里教堂与格鲁吉亚皇家教堂斯威特特斯克维里教堂的所在地，也曾是格鲁吉亚的古老都城，时至今天它仍然是格鲁吉亚人的精神之都和信仰圣地。学生们从斑驳的墙壁与空旷的教堂圆顶中感受着古老的气息。玛娜娜非常喜欢这种亲身感受式的学习。每次参观之前，她都会提前做好功课，搜集查阅相关的历史知识，然后在参观的过程中进一步实地印证、补充。她所表现出来的广博知识与深入思考经常让老师赞叹不已。

为了更好地学习亚美尼亚语，玛娜娜还做出了惊人举动：她竟然只身一人跑去亚美尼亚生活了几个月的时间！虽说亚美尼亚与格鲁吉亚是邻国，但毕竟是两个国家，而且当时玛娜娜的亚美尼亚语并不熟练。更令人震惊的是，她为了能学习到原生态的亚美尼亚语，直接去了亚美尼亚生活最为艰苦的偏远农村！多年以后，玛娜娜谈起这段经历，很是轻描淡写："虽然生活上是有点艰苦，可是我的亚美尼亚语进步很大！我认为这样的学习和经历相当值得……"话音未落，她的朋友玛瑞娜就大声反驳道："哪里只是有点艰苦？你都不知道会遇到什么难题，甚至是生命危险！连一个认识的人都没

姆茨赫塔古城中的古老教堂

有，有几个人像你这样胆大包天……”

玛娜娜对学习的狂热让很多同学为之瞠目，但她并非“两耳不闻窗外事，一心只读圣贤书”的书呆子。相反，她积极地参加各种社团和集体活动，是学校里的活跃分子。那个时代的年轻人普遍对文学有着浓厚的兴趣，学校里的文学社团是文学爱好者的乐园，经常举办文学沙龙，大家互相交流推荐优秀的文学作品，有时也朗诵自己的作品。玛娜娜几乎从不缺席，她最喜欢的是普希金和莱蒙托夫的诗歌。她也喜欢写诗，在情窦初开的年龄，写了很多憧憬爱情的诗歌，或许稚嫩却自有一股清新之气。但她内心里对于爱情其实从未认真考虑过。20岁左右的玛娜娜已经是校园里出了名的小美人，她的名气不再是由国际象棋带来的，而是来自于她自身的魅力。灵动俏皮的青春容颜、聪慧乐观的可爱性情，吸引了许多男同学追随的目光。但玛娜娜正陶醉在美好的大学生活里，有那么多要学习的知识、那么多要参加的活动，她没有精力分出来给还未曾体验过的爱情。

“读万卷书，行万里路”是玛娜娜年少时的梦想。在大学里她终于有条件真正实现了。她经常利用假期出去旅行。国内的库塔伊西、皮聪大、博尔若米、苏呼米等许多城市，周边的德国、土耳其、俄罗斯、亚美尼亚、阿塞拜疆等许多国家都留下了她的身影。有时是她独自出发，有时是和朋友同行，有时是和家人度假，但不论是何种方式出行，她都表现出对所有事物的热情，学习陌生的语言、了解不同的文明、感受迥异的习俗……每一天都在变化的新鲜感让她酷爱这种“行走在路上”的刺激和情怀。

旅行给玛娜娜留下了许多美好的记忆。她的朋友拉莉每次回

玛娜娜在土库曼斯坦学习参观

忆起同学们一起去俄罗斯旅游时遇到的趣事就忍不住大笑。那是1974年，朋友们一起到俄罗斯彼得堡旅行，途中遇到了一位喜欢国际象棋的美国青年。他认出了经常在报纸上出现的国际象棋高手玛娜娜，非要缠着玛娜娜下棋。玛娜娜推辞不过，只好拿出随身携带的象棋。由于水平相差悬殊，每次都是只需几分钟玛娜娜就毫无悬念地赢了，朋友看到美国青年可怜兮兮的样子，就怂恿玛娜娜让他一盘。那美国青年赢棋之后，简直不敢相信这个结果，兴奋地大喊大叫，然后拿着玛娜娜的国际象棋就跑了。玛娜娜和朋友们目瞪口呆，等反应过来，那美国青年早已不见踪影。之后的一个星期，玛娜娜都赌气不愿和朋友们讲话：如果不是你们出的馊主意，我的国际象棋怎么会就这样莫名其妙地没了？！

五年的本科、硕士连读生活是玛娜娜一生中最丰富多彩的阶段。在社团活动、旅行之外，她还会利用课余时间和同学们一起去参观博物馆、展览会，一起去看电影、话剧、音乐会。玛娜娜还是朋友聚会中的活跃分子，唱歌、跳舞，无不喜欢。只是玛娜娜在音乐上似乎并没有多少天赋，每次她刚一打开嗓子，就有朋友喝倒彩。生性开朗的玛娜娜并不以为然，而是依旧自得其乐，惹得大家笑闹成一团。另外，玛娜娜还是最好的与最恐怖的“塔玛达”，即酒司令或主持人。按照格鲁吉亚的习俗，在宴会中必须选出一位“塔玛达”，专门负责席间敬酒与营造气氛。“塔玛达”一定要有好酒量，更要有好口才，一场聚会往往要几个小时才能结束，“塔玛达”的祝酒辞令也需要洋洋洒洒数十乃至上百条，内容则涉及爱情事业、家庭成员等等所有内容。玛娜娜的口才一向很好，常常一说起来就如库拉河的水一样滔滔不绝，大家不得不屡次打断才能喝到杯中的酒。

但有一点玛娜娜与大多数同学们不一样，就是她的原则性很强。大学期间的聚会特别多，一方面是热情的格鲁吉亚人本就喜欢聚会，另一方面，热血沸腾的青年们也喜欢在聚会中尽情挥霍享受青春时光，并在这些集体活动中找到自己的归属感。但是玛娜娜对此却有着清醒的认识：应该参加的聚会她会尽情投入其中，并很快成为主角，给大家带来更多快乐；而对于没有必要的聚会，她会坚决拒绝，没有商量的余地。

玛娜娜对于时间有着详尽的计划，会按照事情的轻重缓急合理统筹安排。她经常为自己制订各种长期的战略规划、短期的目标计划、一周的大体安排，甚至每天晚上都会做好第二天学习生活的详细时刻表。很多老师和同学都觉得不可思议：大家都是一天24个小时，玛娜娜怎么可能有足够的时间做那么多事情？他们不知道，玛娜娜从来不安排专门的休息时间，对她来讲，从一件事情转到另一件事情就是最好的休息。

1975年，玛娜娜顺利完成本科与硕士学业。这时的她不再是全国闻名的国际象棋明星少女，而是畅游在知识海洋中意犹未尽的充满智慧的青年女子。面容依旧灵动，但那“腹有诗书气自华”的气度却更加令人心折。

二、雏凤新声学林现

经过了本硕五年的学习，玛娜娜已经很明确自己想走的道路，此时除了学术研究已经没有任何事能让她的生命和智慧尽情燃烧。顺理成章地，她申请了副博士，专业是土耳其研究。

格鲁吉亚独立后沿袭了苏联的教育制度。高等教育分为四个阶段：大学本科学制四年，硕士研究生学制两年，副博士加博士第一阶段学制三年，博士第二阶段学制三年。与很多国家在学制上的最大区别就是多了副博士的学习阶段，这一阶段的学习介于硕士与博士之间，主要任务是培养学生独立进行科学研究的思维和能力。博士则分为两个学习阶段，第一个学习阶段与副博士的学习阶段是连在一起的，由导师指导学习，而第二阶段由自己独立进行学术研究。在格鲁吉亚独立后，学制也与国际接轨，采取了通行的学制方式。

1975年，第比利斯国立大学的土耳其专业招收副博士，但名额仅有一个。那一年同时有两个人申请，而两个人的考试成绩都非常优异。时任历史学院院长的玛瑞娅·劳德哲帕尼泽，那时已年过半百。她1939年开始在第比利斯国立大学读本科，之后在本校连读了副博士、博士，毕业后便留校任教，从助教、讲师、教授一路走来，是第比利斯国立大学资历最老的教师之一，在格鲁吉亚整个学术界都有举足轻重的地位。她详细看了两个申请者的资料和考试成绩，对两个优秀人才权衡再三，终是不舍得放弃任何一个。于是找到校长说明情况，几次校级、院级会议争论后，终于争取到了两个副博士名额。这在学校发展史上还是头一次。

玛娜娜的副博士导师、时任历史学院院长的玛瑞娅·劳德哲帕尼泽。现在她已年逾90

其中一人便是玛娜娜，而玛瑞娅则成了她的副博士与博士第一阶段的导师。

副博士的生活与本硕时期相比有了显著的变化。玛娜娜的生活再次回到简单充实的阶段，与痴迷于国际象棋的那几年颇为相似。朋友们的聚会少了，课余期间也很少参加各种社团活动了，她全身心投入到学术研究中去。

课堂的学习内容已经不能满足她的需要。她奔走于不同的图书馆和资料室之间，经常伏案至深夜，对所有相关的知识和问题穷根究底，找到每一个可以帮助她的老师、学者虚心求教……

在学习的过程中，玛娜娜对13–15世纪的格鲁吉亚的历史产生了浓厚的兴趣。13–15世纪对格鲁吉亚来讲是一段苦难的殖民历史。12世纪时格鲁吉亚在第一位女性君主塔玛拉女王的统治下发展至鼎盛时期，成为高加索地区最强大的国家。但进入13世纪后却不断受到蒙古、波斯、土耳其的入侵，整个国家陷入了分裂混乱之中，社会经济陷入瘫痪。格鲁吉亚作为典型的传统农业国家，农民占据了人口的大多数。在外族侵略与本国赋税严酷的环境下，农民难以生存，一些地方开始出现农民起义。格鲁吉亚西部是农业最发达的地区，土耳其曾侵占了这里的大片土地，将其纳入自己的版图。在那段悲惨的历史中，格鲁吉亚西部的农民及农业无疑具有典型的代表性。玛娜娜希望通过自己的研究去还原格鲁吉亚西部农民经历的那段历史，深入分析历史发展的规律，为格鲁吉亚今后的发展提供借鉴，起到“以史为鉴”的作用。

那段历史已过去了数百年，一手资料相当稀缺，而且由于一部分格鲁吉亚西部的土地从那时起就已经成为土耳其的一部分，因而有一些资料是用古代土耳其语记载的。土耳其语是玛娜娜在本硕期间就已经熟练掌握的，但古代土耳其语和现代土耳其语有着巨大的差别，拼写方法、发音、语法都截然不同，各种复杂的变化让很多人望而生畏。

玛娜娜想到了她大学时期认识的一位老师蒂萨娜·阿布拉泽。蒂萨娜是一位古代土耳其语专家，1956年从第比利斯国立大学东方学系毕业后，就去了国家历史博物馆手迹稿分部工作。1958年这个分部升级为历史手稿国家研究中心，同时也是一个独立的教育机构，这里是古代土耳其语的教学基地。蒂萨娜一直在该中心工作，一面承担科研工作，一面教授学生古代土耳其语。

玛娜娜找到蒂萨娜说明来意。40多岁的蒂萨娜兴奋之情溢于言表，她很早以前就喜欢这个勤奋聪明的学生，一直希望她能进入古代土耳其语的研究领域。由于古代土耳其语的学习研究难度太

玛娜娜（左一）与古代土耳其语老师蒂萨娜·阿布拉泽。现在她已是87岁高龄

大，这个具有重要历史研究价值的学术领域已经越来越冷门了。

在历史手稿国家研究中心学习的一年多时间里，玛娜娜经历的是脱胎换骨的凤凰涅槃。

这个中心设在一栋规模不大的老建筑里，外表看起来毫不起眼，里面却收藏了大量珍贵的历史资料，从5世纪到20世纪的各个领域的手迹稿都能在这里找到。据统计，这里面一共有4万多件手迹原稿，涉及阿拉伯语、乌兹别克斯坦语、古希腊语、阿塞拜疆语等诸多语言种类，其中最多的还是奥斯曼帝国的语言，即古代土耳其语。

15-20世纪，奥斯曼土耳其帝国是横跨亚欧非三大洲的强大伊斯兰帝国。由于地理位置处在东西文明交汇之处，所以一度掌握了东西文明陆路交流长达六个世纪之久，而地中海也被其完全掌控。在奥斯曼帝国存在期间，多次实行的伊斯兰化及现代化改革更使东西文明的界线日趋模糊。

为了将这些珍贵的古代土耳其语一手资料研究透彻，玛娜娜成了位于一楼西侧的历史手稿国家研究中心的常客。

这个收藏室不算太大，从厚重的钢铁大门进入，眼前是十几个高耸至顶的木制书架，上面摆满了各种历史手迹稿。有的是厚厚的书籍，有的只是零散的纸片，但同样都呈现出昏暗泛黄的颜色。

由于格鲁吉亚是一个宗教国家，东正教、基督教、伊斯兰教、犹太教在历史上都曾占据一席之地，并对政治经济文化的发展起到重要作用。因而留存下来的手迹稿中与宗教相关的内容占据了相当大的一部分，尤其是不同版本的《圣经》更是其中的代表。有1000多年以前以牛皮制成的《圣经》，厚实坚硬；有数百年前中世纪教会流传下来的用金箔包裹的《圣经》，奢华无比……每一本《圣经》的封面上都有用玛瑙美玉做成的十字架。

玛娜娜每周至少去历史手稿国家研究中心两次。或在收藏室的历史手迹稿中流连忘返，或听蒂萨娜为她讲授古代土耳其语，更多的时候，则是戴上白手套小心翼翼地查找到需要的资料，

历史手稿国家研究中心收藏的古老《圣经》

然后放到透明的专用袋里，拿到二楼蒂萨娜的办公室进行仔细钻研。

这个办公室极小，面积不足10平方米。一侧墙壁并排放着两个满满当当的书架，另一侧倚墙放着两套桌椅，中间剩余的过道只有侧身才能通过。墙壁上挂满了古代奥斯曼帝国和格鲁吉亚的地图。玛娜娜伏在靠窗的桌案上一会儿对着泛黄的历史手迹稿凝神静思，一会儿搬来厚重的工具书查找资料，一会儿笔耕不辍似有所得……这小小的办公室俨然成了独立于外界的封闭空间。蒂萨娜安静地坐在另一张桌椅旁做自己的学术研究，偶尔抬头看一眼心无旁骛的玛娜娜。

史料中记载的史实是否可信？留存至今的遗址能传达出什么信息？被土耳其侵占了的原来属于格鲁吉亚的西部的土地，数百年来经历了怎样的文化融合？玛娜娜在将所有能搜集到的史料钻研完

玛娜娜在历史手稿国家研究中心查阅资料

毕之后，开始了漫长的实地印证。她只身去了那片土地，对当地农民做了大量的详细采访，查阅了当地的图书馆。她又去了俄罗斯和亚美尼亚，考察同一时期的相邻国家尤其是高加索国家的历史。每次考察回来她都会写出翔实丰富的报告，厚厚的一摞又一摞，里面有古代土耳其语、现代土耳其语、古代亚美尼亚语、现代亚美尼亚语、俄语、德语、英语……每一份都是最珍贵最原始的一手资料，很多内容从未有人涉猎过。

当窗外的爬山虎绿了又黄、黄了又绿之后，桌案边如雕塑一般的娇小的玛娜娜终于伸直腰背，做了一个长长的深呼吸。桌上放的是她呕心沥血完成的副博士论文：《13–15世纪西格鲁吉亚的农民》。

论文交到导师玛瑞娅手中。在玛娜娜写作的过程中，就经常与导师进行深入的探讨，况且玛瑞娅对玛娜娜的学术水平早就十分欣赏，她一直相信玛娜娜会写出高质量的论文。但当她第一次完整地仔细翻阅这篇呕心之作时，还是被震惊了。

以玛瑞娅数十年的深厚学术积淀，一眼就看到了这篇论文非同一般的学术价值：这篇论文与以往所有的历史研究方法都不同，可以说为格鲁吉亚的历史研究开辟了崭新的书写方式与研究方向。以前格鲁吉亚历史研究领域的学者们，习惯于从本国发展的角度去思考问题。玛娜娜却从周边国家与格鲁吉亚的互动关系，以及周边国家对格鲁吉亚的不同时期的评价等角度去探讨格鲁吉亚历史发展的道路。在副博士阶段，就有这样开阔的学术视野与前所未有的思考方式，实属不易。

尽管毕业论文写得很成功，得到了导师的高度评价，但精益求精的玛娜娜还是继续对每一个细节进行仔细推敲，几乎到了吹毛求疵的地步。她联系了学校为她安排的三位答辩委员会委员，请他们提出批评意见。其中的寇耐利·阿若哈米亚是玛娜娜的校友，当时在祖格迪迪博物馆工作，玛娜娜的论文内容正是他的研究方向之一。寇耐利对玛娜娜的论文非常感兴趣，距离答辩还有半年时间，两人就开始了频繁的电话沟通。在他的帮助下，玛娜娜对论文涉及的手迹稿的来源、真实性等问题，重新做了更为细致的梳理与考证。

玛娜娜的毕业论文答辩如料想中的那样顺利。但与寻常的毕业论文答辩会不同的是，答辩委员会的委员们不再是以居高临下的态度进行提问考核，而更像是一个小型学术研讨会。有专家对论文赞不绝口，也有专家提出各种反对意见，并与玛娜娜进行学术论辩。他们都把这个坐在对面的只有25岁的年轻女子当作学术新秀，与之进行平等的交流对话和探讨争论。

毕业后玛娜娜的副博士论文直接出版了，这是极为少见的情况，更是一种莫大的荣誉，因为绝大多数副博士论文的学术水准都达不到出版的要求。

当初为了给更多优秀的年轻人提供深造机会，玛瑞娅就曾想方设法让学校破格增加招收名额，更不用说现在的玛娜娜已然成长为优秀的学术研究人才了。在玛瑞娅的坚决挽留下，玛娜娜留在了母校任教。

1979年，玛娜娜从一个学生转变成了教师。

三、一身数职齐头进

玛娜娜是一个特别简单纯粹而又原则性极强的人：既然要下

棋，那就一定要拿出真正的水平来，而不是输赢无所谓；既然要学习，所有的相关知识就一定要完全掌握，而非浅尝辄止不求甚解；既然要当老师，当然要让自己的学生把该学的知识全部掌握！

玛娜娜的课堂教学最突出的特点就是快：语速快，思维更快。玛娜娜平时讲话语速就很快，上课时依然这样。语速很快，却没有半句废话，传达的信息量自然极大。更可怕的是她的逻辑思维转换敏捷，如果有学生上课时开小差，哪怕只有一会儿，也会跟不上她的教学进度，难以将断了的知识链条完美地衔接起来。于是学生们上她的课只能没有任何选择地聚精会神，不敢有丝毫分心，经常到了下课时，无意中晃晃脑袋，才意识到怎么这么累，原来一节课竟然学了那么多知识。

玛娜娜会给学生留大量的课后作业，以半强迫的方式让他们汲取更多知识。“玛娜娜是一个很严格的老师，要求特别高。所有的科目里，她教的课作业总是最多。为了完成她布置的作业，我们不得不把课余时间都用来待在图书馆里查资料。我每次都很认真地完成作业，但是她从来不会表扬我，因为在她看来，既然你是学生，这就是理所当然的事情。”她的本科学生塔玛拉·卡瑞泽在回忆玛娜娜的文章中这样写道。

实际上她很少批评学生，但是学生们对她又敬又怕，因为学生都知道她是一个要求严格的人，如果自己没有尽全力去做，到她跟前不必等她开口，自己就会心虚胆怯。但是与敬畏相比，玛娜娜精深广博的学识、横溢无双的才华、无可比拟的勤奋更是赢得了学生们由衷的钦敬和爱戴。

玛娜娜陆续负责过多门历史专业课，如“格鲁吉亚历史”、“土耳其历史”等。这些课程对于她来讲本是轻而易举，因为在她的本科、硕士和副博士的学习过程全都进行过深入研究。但是她为了让学生更易于接受，每次上课前都会利用大量的时间备课，除了知识性内容的准备，更注重将思考的逻辑和方法清晰地展现出来。她再三向学生强调：在大学阶段，绝对不能忽视思维方式的学习，要学会用正确的方式和方法思考问题，寻找到最适合的角度，进行属于自己的思考，一定要避免鹦鹉学舌、人云亦云。

因材施教是玛娜娜教学的另一大特点。她很明白每一个学生都有着不同的特点和天分，只有区别对待才能最大限度地发掘学生的潜力。塔玛拉大三那一年开始上玛娜娜开设的专业课“格鲁吉亚历史”。作为优等生，她很快就认识到玛娜娜对她的要求比对其他同学要高很多。除了要完成正常布置的作业，玛娜娜还经常指导她写学术论文。塔玛拉还记得，有一次玛娜娜让她写一篇“关于奥斯曼地主形式在格鲁吉亚的发展状况”的论文，这个题目虽与课程有关，但远远超出了本科课本上的内容。为了完成这份作业，塔玛拉去图书馆搜集了很多关于奥斯曼帝国历史的专业书籍，其中还包括一本出版于1889的珍贵古籍。“我到现在还记得那本古籍的作者是德米彻·巴克拉泽。这次经历对我来说非常难忘，我第一次真正学会了怎样独立进行科学研究。也是从那一次开始，我对学术研究有了兴趣，并决定以此作为我的职业选择。”

塔玛拉在写毕业论文的时候，虽然指导教师并不是玛娜娜，但是玛娜娜还是热情地帮助她寻找相关的参考资料，并提出了很多中肯的意见和建议。塔玛拉对这位老师感激不已，曾问她：“您这么帮助我，我该怎么报答您呢？”玛娜娜的回答简洁明了：“你对别人

玛娜娜（前排左三）与第比利斯国立大学同事合影

好，就是对我最好的报答。”

塔玛拉如愿以偿地走上了学术研究的道路，毕业后留在了第比利斯国立大学任教，与玛娜娜从师生变成同事，又从同事变成亲密的朋友。她用玛娜娜的方法去教授学生，也将玛娜娜对她的善意传递给更多的人。

随着玛娜娜在第比利斯国立大学任教时间的增加，她的教学能力和学术水平得到了师生们的一致赞扬，于是她被推荐兼任行政管理岗位，从系里到院里然后再到学校的管理层。

玛娜娜的性格简单直接、耿介爽朗，对任何事情都一丝不苟。这样的性格令人敬重，但在复杂的环境中却难免碰壁。何况，当时的玛娜娜不过是30岁左右的女子，没有在社会上经过足够的历练，而且她一直生活在单纯的学术世界里，几乎从未接触过生活的复杂面。她的纯洁美好第一次受到了别有用心之人的非议和诋毁。

那是20世纪80年代，玛娜娜担任第比利斯国立大学的招生办主任。当时的格鲁吉亚作为苏联的加盟国，教育制度完全遵循苏联的统一模式，没有全国统一的高考，而是由各个学校自主招生。各个高校的招生办对于考生而言，有着生杀予夺的决定权。因此经常有学校的同事找到玛娜娜，或暗示或明说，“这个学生要给高分，他是亲戚朋友家的孩子”，或是“一定要录取这个学生，他为学校交了很多赞助费”……

事实上，在那个年代，并非只有高校如此，苏联解体前，整个社会都已深深陷进了贪污腐败的泥潭。早有历史学家一阵见血地指出，严重的贪污腐败才是引发东欧剧变的深层次根源。而作为加盟国的格鲁吉亚，在那个时代也是如此。

玛娜娜作为格鲁吉亚最优秀大学的招生办主任，可谓站在了教育界贪污腐败的最前沿，但以她的耿介心性又怎能容忍溅在自己身上的污泥浊水。对于所有来托关系走后门的同事也好领导也罢，玛娜娜一律回绝，并与他们展开激烈争论。不论是在学校的公开会议上，还是在私下的同事交流中，玛娜娜都不遗余力地抨击各种腐败现象。她一再强调：大学是为国家和民族的未来发展培养优秀人才的地方，如果连孕育未来希望的象牙塔也不再纯净，而是被贪污腐败所笼罩，优秀的人才只是因为贫穷或没有关系就无法进入，那么这个国家和民族就没有未来！

一向备受欢迎和喜爱的玛娜娜开始有了敌对面，经常有人在背后对她进行恶意中伤诋毁。对此玛娜娜很是心痛难过，但她毫不退缩，坚持自己的原则。有时她感觉自己就像那个在巨大的风车面前可笑地挥舞着弱小手臂的唐吉诃德。疲累痛心之余，她产生了一个念头：等我有了能力，一定要自己创办一所大学，公平公正地选拔最优秀的人才，让他们在最干净纯粹的环境中学习成长，让他们撑起国家和民族的未来！

玛娜娜成为著名的历史学家与教育学家之后，多次接受报社、电视台等不同媒体的采访和报道。她常常在采访中，或在电视演讲中，批判国家的贪污和腐败，甚至公开点名道姓地指出哪些人有着怎样的贪污行为。这种举动无疑把自己推向了风口浪尖。家人和朋友经常劝她收敛一点，至少要学会保护自己的人身安全。但是玛娜娜却从未屈服，她坚持自己的原则和观点：如果真的爱我

玛娜娜（左三）与同事出国考察

们的祖国，就应该看到她的缺陷和弊端，只有将已经出现的毒瘤暴露出来并彻底切除，才能让祖国更加健康地发展。

在承担着繁重的教学任务与行政职务的同时，玛娜娜从来没有放弃自己挚爱的学术研究。只是此时的她已有多重身份，不同方面的工作大大挤占了她宝贵的时间，不可能有完整的时间让她能够静心进行科研。学术研究成了她的奢望，每一个繁忙的间隙，她都会抓紧每分每秒去思考问题或翻阅资料。“学术研究，是我最好的休息方式”，玛娜娜如是说。

在教学、管理以及学术上取得的诸多成绩，让玛娜娜获得了“国家大学奖”。这个奖项是政府面向国内所有大学中的年轻学者而设的，只有做出突出贡献者才能获得。

她的付出终于得到了肯定。

四、社会剧变引深思

如果玛娜娜一直生活在平静安稳的社会环境中，没有遭逢剧变，又或者她能满足于在学术研究的专业领域中尽情施展自己的才华，或许她会过得更加简单快乐。但是社会现实永远不会按照善良人们的意愿向前发展。

在20世纪八九十年代的东欧剧变中，作为苏联加盟国的格鲁吉亚首当其冲，以“第比利斯四月悲剧”事件为起点迅速扩散成一场波及全社会的大动荡。

在苏联的加盟国中，格鲁吉亚民族是民族特征保持最完整的。这个外高加索民族像水一样热爱自由，像山一样充满反抗精神。

“只要觉察到稍有损害它的民族特征，它就最公开、最猛烈地进行反抗。”[①]苏联成立初期，它就曾激烈反对斯大林的民族一体化政策，到20世纪80年代中期，在戈尔巴乔夫民主改革的气氛下，格鲁吉亚的民族主义组织发展迅速，提出要求格鲁吉亚独立的口号。[②]

1988年下半年第比利斯的局势就已日趋紧张，同年11月反对派在政府大楼前举行数千人的大规模集会，要求格鲁吉亚脱离苏联独立。1989年3月格鲁吉亚境内的阿布哈兹自治共和国举行集会要求脱离格鲁吉亚独立，遭到了大多数格鲁吉亚领导人与人民的反对。4月初第比利斯不断爆发集会和游行，要求惩办在阿布哈兹挑起民族纠纷的民族分离主义者。然而随着集会和游行的不断扩大，矛盾斗争的焦点开始转移，最初的格鲁吉亚内部的格阿民族之争掺杂了越来越多的民族主义情绪，最终喊出了“格鲁吉亚独立”等口号。越来越多的人涌到政府大楼前静坐乃至绝食抗议。

悲剧发生在1989年4月9日凌晨。政府出动了军队和警察，强行制止集会，驱散示威群众。根据后来的政府调查报告显示，军警虽未动用武器，但使用了橡胶棒、警用瓦斯、步兵铁铲等工具，而集会中的极端分子也用棍棒、石头，甚至是匕首，进行了反击。在一场噩梦般的暴力冲突中，19人丧生，其中13位是在混乱中被挤倒踩踏致死的妇女，100多人受伤。当天第比利斯实行宵禁，少数肇事者被拘留，坦克开上街头，军人控制了整个城市。

---

① 〔法〕埃莱娜·卡·唐科斯：《分崩离析的帝国——苏联国内的民族反抗》，郗文译，新华出版社1982年版，第206页。

② 左凤荣：《第比利斯事件的前因后果》，《当代世界社会主义问题》2008年第4期。

事件发生后，整个第比利斯都沉浸在深深的哀痛和困惑中，一部分工厂停工、学生停课、交通中断，人们戴着黑纱，手持蜡烛和鲜花，在发生流血事件的广场上默默悼念死者。

事件发生后的第三天，即1989年4月12日，格鲁吉亚的广播电视发表了戈尔巴乔夫的《告格鲁吉亚共产党员和全体劳动者书》，表达了对第比利斯悲剧事件的痛心，但除了表示相信格鲁吉亚人民的理智之外，没有提出任何切实可行的措施。几天后，戈尔巴乔夫在中央政治局会议上表示：今后没有政治局的决定，军队不得干预类似事件。

苏联领导人的态度使格鲁吉亚的民族主义势力进一步发展壮大。1989年11月格鲁吉亚最高苏维埃修改了宪法，宣布保留自由退出苏联的权力。1990年10月格鲁吉亚共产党在选举中受挫，反对党联盟“自由格鲁吉亚—圆桌会议”获胜，其领导人加姆萨胡尔季阿出任最高苏维埃主席。新议会取消了国家名称中的“苏维埃”和“社会主义”字样，规定格鲁吉亚共和国法律高于苏联法律，将国旗改为1921以前的黑、白、深红三色旗。同年12月，格鲁吉亚共产党宣布脱离苏联共产党。1991年4月9日格鲁吉亚通过了《国家独立宣言》，同年5月26日加姆萨胡尔季阿当选为格鲁吉亚总统。因此早在苏联解体前，格鲁吉亚就已经脱离联盟中央，事实上独立了。对于苏联的解体，格鲁吉亚无疑起到了催化剂的作用。

旧的秩序已经打破，新的秩序开始建构。然而在新旧转型的过程中，却难以避免整个社会的阵痛。动荡混乱的局面也严重影响了大学里正常的教学秩序，青年学生们或主动或被动地裹挟进了社会的矛盾斗争之中。安静的教室里只有空荡荡的桌椅，从前坐在这里认真学习的学生绝大多数不见踪影。而学校的教学管理同样处于非正常状态，常常空无一人的教室让老师们没有了上课的理由。

玛娜娜作为学校的教师和管理人员，面对这样的状况，唯有长叹：以一己之力又能改变什么？但是与其他老师不同的是，她还是按时认真备课，按时去学校上课，哪怕教室里只有一个学生，她也倾囊而授，毫不敷衍。只是走在冷冷清清的校园中，玛娜娜常常心痛不已。

玛娜娜每次谈起她的祖国，都是同样激动而快速的语气，那种抑制不住的激情令人想起艾青的诗歌《我爱这土地》："为什么我的眼里常含泪水，因为我对这土地爱得深沉……"。然而她更加理智地认识到，年轻人固然要关心国家和民族的命运，并应为之奉献自己的全部，但在没有成熟的心智、清晰的判断和足够的能力之时，盲目的狂热却是有害无益。如果所有的年轻人都因一时的政治斗争而废弃所学，对于国家的未来更是毁灭性的后果。

痛心疾首之余，玛娜娜开始深入思考格鲁吉亚社会变动的深层次原因，以及国家和民族未来发展的方向，更重要的是，格鲁吉亚的教育在经历了这样的社会剧变后，又该怎样完善与重建，以及如何去满足国家未来发展的人才需求。

在担任了数年的学校管理人员之后，玛娜娜的心胸和视野更加开阔。当格鲁吉亚社会逐渐在转型中稳定之后，她开始将目光投向世界。她利用各种机会到欧洲的先进国家参观、考察、学习，深入研究先进的教育制度和教学模式；她积极参加不同国家举办的教育界交流会议和学术研讨会，接触最前沿的观念和实践；她翻阅大量的相关专业书籍和学术论文，关注最新的教育实践……有了足够的积累之后，玛娜娜开始一面深入反思格鲁吉亚教育发展中的弊病，一面试图将先进的理念方法运用到自己的工作之中。

剧变引发的动荡和混乱让玛娜娜的成长道路变得更加艰难曲折，然而也正是因为亲身经历了20世纪八九十年代由于东欧剧变导致的惨痛，正是因为在行政岗位中亲身体验了社会贪污腐败的黑暗面，她才更加真切地认识到，如果没有独立富强的国家，没有廉洁奉公的政府，没有健全完善的法律，没有先进开放的观念，进行理想中纯粹的教育建设不过是空中楼阁。

五、苦心孤诣再登攀

从1979年至1999年，整整20年的时候，玛娜娜的全部精力都用在学校教学、行政上，学术研究的时间本就少得可怜。更何况，这20年间她结婚、生子，又分出了许多精力去照顾家庭，更加无暇顾及钟爱的学术研究。然而，她的心中始终有一个梦想：继续博士的学习，让自己的学术之途更上一层楼！

按照格鲁吉亚教学制度的规定，博士第二阶段无须考试，只需要申请即可。博士第二阶段的申请难度很大，在申请人递交申请书之后，会由专家委员会根据申请人的学术成果进行评价，通常必须有学术专著才行。玛娜娜在副博士与博士第一阶段的学习过程中，就已经打下坚实基础，而且这些年来，她的学术水平和知识积淀早已得到学术界的认可，因此博士申请对她而言自是水到渠成。

此时的玛娜娜面临的最大问题就是时间和精力的严重不足。她仍然承担着学校繁重的教学任务，还是历史学院的科研骨干，而家庭也离不开她的照料——丈夫工作繁忙，三个孩子分别是18岁、16岁、11岁。另外，她当时还与出版社合作，为出版格鲁吉亚历代地图集做着各种准备工作。

好在玛娜娜早已习惯了身兼数职、惜时如金的生活方式。她利用所有的空闲时间进行博士的学习，早早就定下了论文题目“Kartlos Tskhovreba (Georgian Chronicles) and the oldest period of the history of Georgia (from the king Kartlos to the king Mirian)”。如果翻译成汉语，或勉强可译之为《<卡特利斯的生活>（格鲁吉亚编年史）与早期格鲁吉亚历史（从卡特利斯国王至玛瑞安国王期间）》。

《卡特利斯的生活》是一部格鲁吉亚编年史，记录了格鲁吉亚早期发展的历史，几乎涉及所有的社会领域，包括政治、经济、文化、民间传说等等。希腊、亚美尼亚、阿拉伯、波斯等国家的考古与历史研究成果，已经从多方面印证了它的记录，因而具有很高的历史价值。但是其中也掺杂了很多神话、传说等，使研究者真假难辨。关于其来源、真实性等问题不仅是格鲁吉亚的历史学界，也是高加索地区乃至世界历史研究领域的难题。如果以中国历史与之类比，相当于对夏商周时代的研究，历史资料极其稀缺，且充满争议。

选择这样的题目做博士论文，需要的不仅是深厚的学术积淀，更重要的是要有非同一般的学术勇气，敢于破旧立新，提出自己的观点和判断，并给予充分的论证。

玛娜娜敢想敢干的性格再一次展露无遗，她毫不犹豫地啃起了这块硬骨头。

1999–2002年，她待的最多的地方就是国家图书馆。国家图书馆离家比较远，但不论是在酷暑难耐的炎夏还是大雪纷飞的寒冬，她每天都是图书馆的第一位读者，又总是最后一位读者。常常一个面包一杯水就在图书馆的阅览室解决了午餐；常常查阅资料忘了时间到闭馆时还在奋笔疾书，保安屡次驱赶都不舍得离开；常常深夜从图书馆出来却发现错过了最后一班公交车……

资料十分匮乏，连国家图书馆也难以满足全部需求。于是，玛娜娜对国内所有与之相关的图书馆展开了地毯式搜索。玛娜娜需要的很多史料是珍贵的历史手迹稿，而这些历史文献并非每个图书馆都会有，即使有一星半点，也是当作镇馆之宝，不可能让她拿走仔细研看。她只能奔走于一个又一个城市之间。很多时候这些史料是被封藏而不允许借阅的，玛娜娜想方设法，或对人家好话说尽，或通过朋友的关系能够暂借一观。

库塔伊西，这个位于里奥尼河畔的历史名城，最早的记载见于公元前3世纪，至今还保留着巴格拉特大教堂、格拉特修道院等数量众多的历史古迹。在这个古老城市的博物馆里，玛娜娜看到了多件与论文相关的历史手迹稿。博物馆工作人员被玛娜娜的认真和执着所感动，将所有的手迹稿都拿给玛娜娜参研。玛娜娜在那里停留了近一个月的时间。至今想起来，她仍对那里的工作人员心怀感激。

2002年是玛娜娜大丰收的一年。

这一年，她的博士毕业论文得到了学术界极高的评价，并顺利通过答辩。答辩委员会一致认为她所做的考证将格鲁吉亚编年史这一历史研究难题大大向前推进了一步。

这一年，她主编的格鲁吉亚历代地图集所有的出版工作全部完成。

这一年，她晋升教授职称。

第三章　同舟共济不相离

曾有人调侃：每个成功的男人背后都站着一个伟大女人，而每个成功的女人背后都站着一个混蛋男人。虽是调侃，却也道尽了成功女性的难处，似乎家庭与事业是女人的鱼和熊掌，难以兼得。玛娜娜对于学业、事业与学术的追求不遗余力，取得了斐然成就，但是她却真正将鱼与熊掌都牢牢握在手中，实现了事业与家庭的“双赢”。

一、奇缘：三见定终生

谈起玛娜娜的爱情和婚姻，所有的朋友都是同样惊叹的语气：“那简直是一个传奇！”

“关关雎鸠，在河之洲。窈窕淑女，君子好逑。”（《诗经·国风·周南》）当玛娜娜还在读大学本科时就已经是学校里有名的小

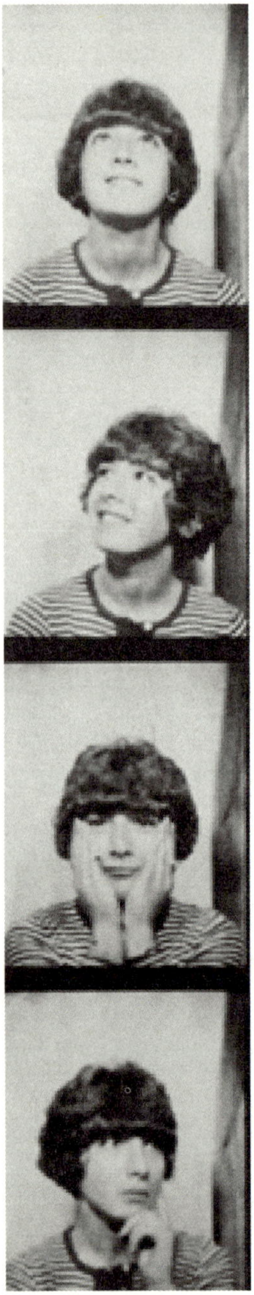

玛娜娜青年时期精灵可爱，充满青春活力

美女，在美丽灵动的容颜下更是深藏着无比聪慧善良的心，走到哪里都是焦点，追随的异性目光自然不在少数。然而，那时的玛娜娜正沉醉在知识的海洋中无暇分心。到副博士阶段，她的全部精力都在学术研究上，连休息的时间都没有，更无暇谈情说爱。再然后就留校任教，一面教学一面做学术研究。玛娜娜的生活永远是充实而忙碌的。

1979年的一天，玛娜娜受到邀请参加一位好朋友的婚礼。按照格鲁吉亚的习俗，婚礼之后要在新郎新娘家里举行盛大的亲朋好友的宴会。玛娜娜一向性格开朗，在宴会中与同桌的朋友一面喝酒一面说着新郎新娘的糗事，不时惹来一阵阵大笑。坐在她对面的，是一个又高又瘦的帅气小伙子，也热烈地加入到大家的聊天中来。

这个小伙子就是米拉夫，玛娜娜以前见过，是第比利斯国立大学生物系的同事，同时正在攻读生物学副博士。但两人并不熟悉，偶尔在校园中遇到会彼此礼貌地点头微笑，仅此而已。坐在一起聊天聚会，这还是头一次。

“那是我第一次认真地看玛娜娜。她

当时瘦得像根竹竿，挑着一头蓬蓬的短发，眼神非常明亮，穿着红白相间的横条纹吊带短裙，与旁边的朋友一直又说又笑，特别开心快活。第一眼我就知道她是我要找的人！”许多年以后，米拉夫谈起那次见面的场景还是历历在目。

玛娜娜对于他们的第一次正式见面似乎没有这样强烈的感受。但是宴会散场之后，从未经历过爱情的玛娜娜心里却有了一丝异样的感觉。那个瘦瘦高高、性情温和，却又有一股青春锐气和童心稚趣的小伙子经常出现在她的脑海中。这是从来没有过的事情。

朋友的婚礼过后，两个人回归到各自的轨道上。玛娜娜继续忙着教学、做科研，米拉夫也忙着教学、读副博士。他们再也没有联系过。仿佛初次的相遇只是两条直线偶尔在一点交错，摩擦出并不热烈的火花之后，又沿着各自不同的轨迹前行。

但是从相遇的那天起，两个人都开始小心翼翼地收集关于对方的点点滴滴。玛娜娜与朋友聚会时，会装作不经意地问一句，“米拉夫现在忙些什么？最近怎么没见着他？”米拉夫会关注玛娜娜最近发表了什么文章……玛娜娜知道米拉夫顺利通过了副博士论文的答辩，米拉夫了解玛娜娜最近关注什么研究方向……

初次交流不经意间擦出的一点点火花就像一个火种，随着时间的流转不但未曾熄灭，反而越烧越旺。但令人诧异的是，两个人同样选择了将这份情感深深隐藏，却放纵刻骨的相思在心底深处如热带雨林的藤蔓一般飞长。是害怕遭到拒绝彻底失望？还是希望将这份情感酝酿地像窖藏的红葡萄酒那样醇香？抑或是忐忑不安地期盼着下一次不期而遇的奇妙缘分？

第二次的见面终于等到了。这时距离第一次见面已经过去了两年多。

玛娜娜和米拉夫共同的朋友玛瑞娜·泰迪亚什维利要在家里举行生日宴会。她与玛娜娜从9岁起就认识，是非常要好的朋友。玛娜娜身边的重要人物，米拉夫全部了如指掌，他很确定玛娜娜一定会去参加。

两年多的相思已经让米拉夫再也压抑不住。他心情激动，除了给玛瑞娜准备了生日礼物，更是花费了十二万分的心思为玛娜娜准备了礼物。临行前，米拉夫暗下决心：这就是我要找的人，是我相伴一生的伴侣！我一定要让她知道，一定要让她接受我！

生日宴会上，米拉夫与玛娜娜全都迟到了。

玛娜娜太忙了，她的迟到大家早就习以为常。米拉夫在宴会开始不久后赶到，在热闹的气氛中，跟大家喝酒聊天，实际上却有点魂不守舍。

宴会正热闹地进行着，玛娜娜拎着包捧着礼物匆匆忙忙地闯了进来。米拉夫的眼睛不被人察觉地一亮，与大家喝酒聊天的兴致立刻高昂起来。玛娜娜从来都是朋友聚会中的主角和焦点，她最喜欢与朋友们高谈阔论，不论是对国家大事还是身边小事都喜欢发表意见，与人辩论。只是这一次，她的对象似乎集中到一个人身上。政治、经济、哲学、历史、人生、理想……玛娜娜从来没有像这样痛快淋漓地聊过天。

直到深夜宴会结束，两人还意犹未尽。顺理成章地，米拉夫送玛娜娜回家。在第比利斯纯净的天空中，点点星光如宝石般闪烁着幽幽的光，回家的路似乎极为漫长又极为短暂。宴会上的滔滔不绝此刻却被沉默所代替，两颗年轻的心灵笼罩在“此时无声胜有声”

的微妙气氛中，一种令人心悸的陌生情愫蔓延开来。

米拉夫鼓足勇气，用微颤的双手拿出精心准备的礼物。压抑了两年多的相思终于在这一刻爆发，两个年轻的身影拥抱在第比利斯最迷人的夜色中……

“我真的不记得当时准备什么礼物了，也忘了是怎么表白的了……”米拉夫狡黠地眨眨眼睛，61岁的他依然又高又帅，儒雅宽厚的气质令人着迷，丝毫不显年过花甲的老态。

连第一次见面时玛娜娜穿什么衣服都记得的人，怎么可能会忘了这么重要的事情？尽管谁都不信，却也无人去追问。那应该是专属于两个人的甜蜜回忆吧。

米拉夫和玛娜娜恋爱的消息在朋友中间传播开来。这消息不亚于一颗原子弹：米拉夫和玛娜娜根本不是一类人！他俩谈恋爱，有没有弄错？！

论家世，米拉夫的父亲是大学教授，母亲是医生，玛娜娜的父母亲都是大学教授，嗯，好吧，门当户对！论外貌，米拉夫高大帅气，玛娜娜玲珑美丽，嗯，好吧，很是般配！论学问，米拉夫和玛娜娜都是副博士，都是第比利斯国立大学的讲师，都是同样少见的涉猎丰富、知识渊博，嗯，好吧，旗鼓相当！

可是米拉夫是那么文质彬彬的一个人，性格是那么温和宽容、与世无争，丝毫不像格鲁吉亚传统男人那样大男子主义；而玛娜娜聪明绝顶、勤奋无双，偏偏又独立强势，没有丝毫格鲁吉亚传统女人的温婉顺从。他们两个人在一起？朋友们不约而同地摇摇头。

与米拉夫与玛娜娜恋爱的消息同时传出的，是另一个更让人无法置信的消息：一个月后，欢迎大家参加米拉夫与玛娜娜的婚礼！

所有的亲戚朋友都大跌眼镜：这两个人不是才聊上的吗？一个月之后就结婚？如果他们知道遥远的中国有个叫钱钟书的文学家曾经写下这样一句话："老年人恋爱，就像老房子着火，没得救"，想必一定会心有戚戚焉。那时米拉夫28岁，玛娜娜27岁，在当时的格鲁吉亚，着实已经是晚婚。

他们不知道的是，在此之前，米拉夫和玛娜娜早已神交两年多，对彼此的点点滴滴无不一清二楚并珍藏于心，而这份感情也在两年多的酝酿中发酵成比最好的葡萄酒还要醇香的佳酿。

第二次见面，也就是正式确定关系并直接定下婚礼日期之后，米拉夫和玛娜娜再次神奇地回归到各自的轨道上，没有花前月下的卿卿我我，而是一切如常地教学、做科研。但一切少有的空闲间隙都用来打电话倾诉相思，并商定着关于婚礼的一切细节。

第三次见面的时候，是在政府的结婚登记处。

米拉夫和玛娜娜，一见钟情，二见定情，三见便是"死生契阔，与子成说；执子之手，与子偕老"（《诗经·邶风·击鼓》）的一刻。

玛娜娜身着白色长裙，裙摆飘逸地垂到脚面，V字领尽显复古气息，袖口处绣满了层层叠叠的精致蕾丝，腰间的轻轻一束更将女性的窈窕身姿展露无遗。手中几枝长长的红色康乃馨，简单而随意地为她增添了几分生动鲜亮。

雪白硬挺的衬衣、红白相间的格子领带、深色的马甲、纤尘不染的灰色西装，严肃郑重又不失喜庆，米拉夫对这件事情的重视显示在每一个细节里。与玛娜娜的安静不同，米拉夫的面孔自始至终闪烁着光辉：从这一刻起，他终于真正拥有了自己生命中的太阳。

众多的亲朋好友一起见证了两人生命中最重要的历史时刻。在婚姻登记处的桌子上，米拉夫和玛娜娜郑重地签下自己的名字。当笔尖离开的刹那，两个不同的生命，就这样连接成一个整体——一生一世一双人。

从政府大楼回来，才是更加热烈的传统婚礼仪式。在接受亲人的祝福之后，最重要的就是“踩盘子”仪式。由长辈将打碎的盘子铺在新娘经过的路上，新娘必须踩着碎盘子通过，意喻为幸福铺路，一生岁岁平安、阖家幸福。

按照格鲁吉亚的传统，婚宴要举办两次，第一天在新娘家里，

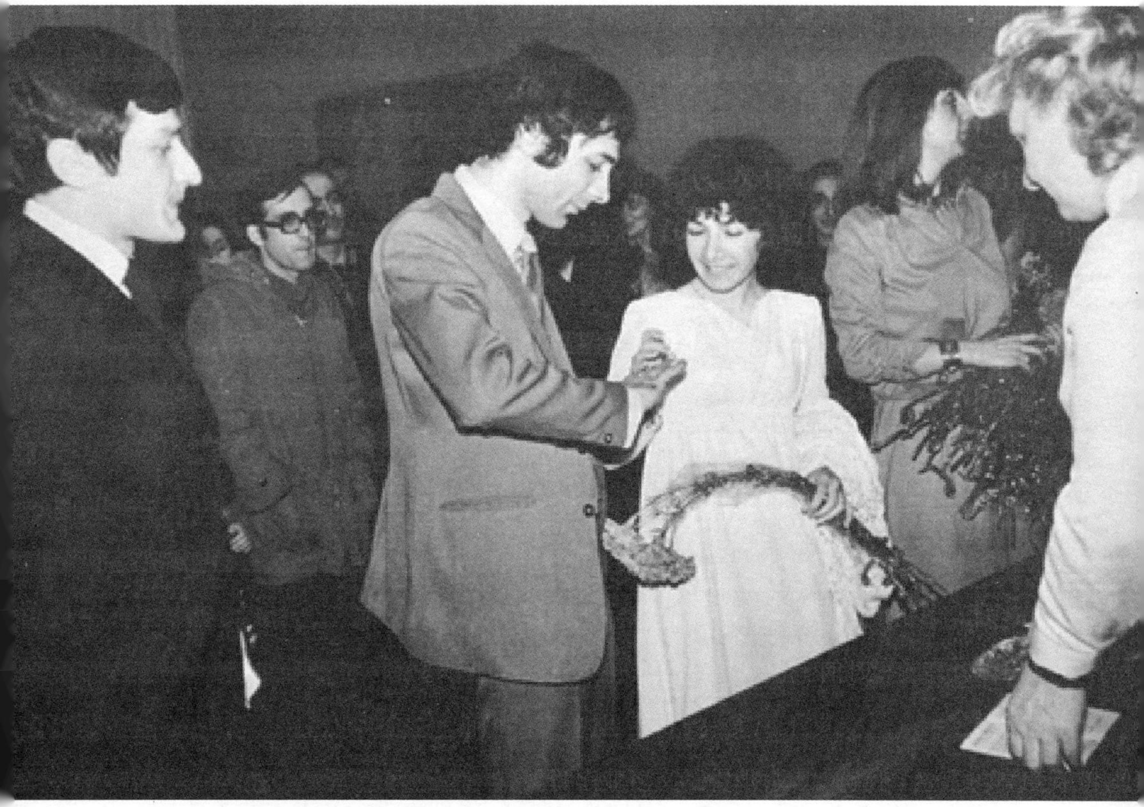

在政府婚姻登记处，米拉夫为玛娜娜戴上结婚戒指

招待娘家重要的亲戚朋友，第二天则在新郎家里，招待婆家重要的亲戚朋友。玛娜娜在自己的婚宴中有一件最遗憾的事情：竟然是喝酒没喝过瘾！她回忆说，第一天在我家的婚宴上喝红酒，是我很喜欢的味道，可是我只喝了一杯就被父亲拦住了，劝我第二天还要去男方家里办婚宴，如果喝醉了会很难堪尴尬。我乖乖地听话了，满心指望第二天婚宴时可以喝个够，反正婚宴结束后就没有什么重要的事情了。可是令我失望的是，米拉夫家里准备的葡萄酒我一点都不喜欢喝，“我从来没有喝过那么难喝的葡萄酒！”

玛瑞娜的生日宴会是米拉夫与玛娜娜确定关系的转折点，两人爱屋及乌，对玛瑞娜甚为感激。令人意想不到的是，这份感激很快便以一种不可思议的方式回报给了玛瑞娜。

婚礼后大约半年，就是玛娜娜的生日宴会。作为朋友的玛瑞娜

玛娜娜、米拉夫在婚宴上

自然不能缺席。说起来她还算是米拉夫和玛娜娜的半个媒人呢！可她没有想到的是，她竟然奇迹般地在这次生日宴会上遇到了自己的Mr. right——乔治亚·特斯特瓦泽！

这是怎样的奇迹！两个朋友竟然各自在对方的生日宴会中找到自己的另一半，而且相距时间不过半年！这神奇的缘分在朋友间迅速传扬开来，还是单身的剩男剩女们开始更加热衷于参加聚会，尤其是生日宴会。

婚后玛娜娜和米拉夫住在租来的房屋中。那房子是玛娜娜读副博士时就租住的，距离第比利斯国立大学比较近，两人上班很是方便。面积大约有七八十平方米，一大一小两个房间，大房间被分隔成了客厅、餐厅与一个卧室。

婚后是浓得化不开的甜蜜幸福。结婚不久玛娜娜就到外地参加学术会议。有一天晚上忙碌完回到宾馆里，玛娜娜像小时候那样蜷缩在宾馆的大阳台上，只是心境已全然不同，有一个人填满了她的心，满满的牵挂思念衬得此刻的娇小身影更加孤单寂寞。拿起电话，话筒那边带有磁性的声音仿佛一股气流涌入心底，温柔又深情。放下电话，她走到书桌前，拿起会议卷宗，投入到工作中去，一直到深夜。她结束了手中的工作，再次走到阳台前望向远方，希望放松一下劳累的眼睛和大脑。窗外的一幕让她意外，更是惊喜：米拉夫站在一辆汽车前，正向她挥手致意！

原来米拉夫竟然在放下电话后，马上去借了朋友的汽车，连夜呼啸而来！

二、母亲：成功新角色

1981年底，婚礼后第9个月，米拉夫和玛娜娜爱情的结晶——大儿子高戈出生了。

在预产期的前两天，玛娜娜就进了医院。苏联时期，母亲在医院生孩子时，父亲是不允许进入的，只能在住院部的外面等候，一直到母子出院时才能见到新生宝贝。

玛娜娜在医院中生下高戈，米拉夫立刻就接到了电话：是个大胖小子！米拉夫急切地想要见到自己的第一个儿子，无奈医院的制度却不允许。兴奋的他与家人朋友举行了一场又一场的宴会庆祝，每次都忍不住喝很多酒，好像只有这样才能表达他的激动和幸福。5天后，米拉夫接到通知，去医院接玛娜娜母子回家。住院部门口，喝得满脸通红、满身酒气的米拉夫傻傻地笑着，盯着玛娜娜怀中小小的肉团儿，再也移不开眼睛。

玛娜娜的妈妈奈丽到家里住了两个星期，帮助他们适应新的生活，教给玛娜娜如何照顾婴儿。之后，新手爸爸和新手妈妈就正式上岗了。

初次为人父母的陌生、紧张、慌乱在所难免，况且还有工作要忙。两人根据各自的情况安排时间，轮流在家照顾婴儿。米拉夫虽然性情温和，但是非常喜欢热闹，以前经常和朋友们一起爬山、郊游、聚会，但是高戈的到来让他不得不放弃这些兴趣爱好。玛娜娜的生活也完全变成了“学校一家”这样的两点一线。

好在米拉夫和玛娜娜都是极其聪明且适应力很强的人。米拉夫从来没有抱过婴儿，但他的生物学专业学习这时派上了用场，如何照顾新生动物宝宝呢？没问题，课堂上讲过！米拉夫将所学内容举一反三、一通百通，全部在自己的宝贝儿子身上试验起来，倒也有模有样。他非常体谅玛娜娜的辛劳，帮忙分担了很多家务，给儿子换洗尿布这样的琐事也从不排斥。

但是两个兴趣广泛的人被小小的婴儿拴在家中，日复一日，也实在令人憋闷。所以当那一天有朋友到家中做客时，米拉夫和玛娜娜兴奋异常，大家喝酒、唱歌、跳舞，直到深夜朋友们才散去。打扫

米拉夫怀抱大儿子高戈

杂乱的战场时，玛娜娜猛然想起：高戈呢？怎么不在房间里？两人焦急万分之下，忍不住互相抱怨。米拉夫这才想起，客人来时怕吵到高戈，所以把他放在童车里推到阳台上去了。两人立刻以百米冲刺的速度冲到阳台上——要知道，那可是滴水成冰的冬夜！万幸，孩子身上盖着厚厚的毯子，正睡得又香又甜，全然不知站在旁边的父母亲刚才是如何紧张焦急……

一年多以后，二女儿卡特琳娜出生了。这时两人照顾孩子已是轻车熟路，偶尔遇到夫妻两人都忙碌的时候，两边的父母亲就会临时来帮忙，有时也会请保姆。虽然两人在第比利斯国立大学的工资并不高，好在对于物质生活也没有很高的要求，总体来讲生活过得平稳安适。

玛娜娜这时工作时间不长，还没有担任学校的行政工作，于是除了教课，她便将全部的时间和精力都放在孩子身上。米拉夫和玛娜娜两人都出生于知识分子家庭，对孩子的教育问题十分重视。

玛娜娜向来惜时如金，她不舍得把时间放在做饭、洗衣服等家务上，这些琐事她有时会请保姆来处理。她也不会把精力放在满足孩子们的物质需要上，只要能保证身体健康这个前提就足够了。

她重视的是满足孩子们的精神需求和情感需要。除了去学校上课，她都会在家陪孩子聊天、看书、做游戏，周末朋友们的聚会也极少参加，除非是大家都带着孩子，让孩子们一起玩。每天晚上睡觉前，她都会和孩子们一起背诗歌、朗诵经典文学作品、讲故事，然后共同讨论作品，评价人物行为的对错等等。她一直强调，如果你真的爱孩子，就要享受和他们在一起的每一分每一秒；如果你真的深爱孩子，他们一定会感受得到，并给予更多的回馈。现在出现了那么多的教育问题和社会问题，很大程度上都源于父母亲没能与孩子们进行充分的沟通和交流。自然，有时想起来因为孩子而不能全身心投入到自己的学术研究中，玛娜娜也会烦闷，但是“孩子们那么可爱，我总不能把他们从阳台扔下去呀……”

培养孩子们广泛的兴趣，是玛娜娜最重视的事情。她提供各种机会尽可能让他们接触不同的领域，引导和发掘他们的兴趣与天赋。二女儿卡特琳娜至今记得，她的儿时生活与别的小朋友完全不同，每天都特别忙碌，看书、学芭蕾、英语、俄语、德语、钢琴、游泳、油画、国际象棋……玛娜娜最看不惯的事情就是别人浪费时间，如果孩子们无所事事她就会不高兴。她一直用自己的观念影响孩子们：最好的休息方式就是从一件事情换到另外一件事情！

玛娜娜也很重视对孩子们独立性的培养。高戈和卡特琳娜在四五岁的时候就自己去幼儿园与各种辅导班，虽然离家并不远，但是让这样小的孩子独自出行还是让很多亲戚朋友都不理解。周末时，玛娜娜经常带着两个孩子去郊游，来回大约50公里。玛娜娜会准备好食物、帐篷，全家一起走着去，然后又走着回来。有时孩子们累得腿疼，玛娜娜会用讲故事、赛跑等不同方式转移他们的注意力，鼓励他们坚持下来，从来没有半途而废过。而当孩子们问玛娜娜问题时，得到最多的回答就是：自己到百科全书中去查。

尽管玛娜娜是一个严格的妈妈，但是她从不强迫孩子们。相反，她非常注意倾听孩子们的意见和需要，并尊重他们自己的选择。二女儿卡特琳娜弹钢琴很有天分，辅导老师一直称赞她是一棵好苗子。但是有一天她对玛娜娜讲，不喜欢弹钢琴了，觉得枯燥乏味。玛娜娜与之深入交流之后，卡特琳娜不改初衷。玛娜娜也就坦然接受，

玛娜娜一家

在她看来，只要不是做坏事，没有什么比孩子的快乐更重要。

生活就这样幸福而平稳地一天天过去。1988年，小女儿蒂阿娜出生了。

这时大儿子高戈7岁，二女儿卡特琳娜5岁。小女儿的出生再次给家庭生活增添了喜悦。米拉夫和玛娜娜这时已经是很有经验的父母。更重要的是，高戈和卡特琳娜不仅身体健康，而且比同龄的孩子更加成熟懂事。他们是米拉夫和玛娜娜最好的小帮手，就像是蒂阿娜的小爸爸和小妈妈。喂奶、换尿布、哄着妹妹玩……高戈和卡特琳娜几乎全部都能胜任。蒂阿娜一岁多牙牙学语的时候，发音含混不清，米拉夫和玛娜娜常常无法领会她的意思，最后的结果总是转身寻求帮助，“高戈、卡特琳娜，你们快来翻译一下，蒂阿娜说的是什么意思……”

当三个孩子陆续上学后，米拉夫和玛娜娜也从未干涉过他们的学习和生活。相反，他们倒是找出更多方法与孩子们一起做游戏。他们住的地方依然是玛娜娜攻读副博士时租住的房屋，只是这时已经买下来，属于他们自己。大房间用一米多高的橱柜隔成了两个空间。那个狭长的橱柜顶成了孩子们的舞台和乐园。玛娜娜和他们一起用很多废旧的报纸和卡纸剪成各种形状，有人物、动物、大树、鲜花……然后画上图案、涂上颜色，做成简单的玩偶，把橱柜顶当作舞台，进行了一场场的纸偶表演。很多亲戚朋友和邻居听说后，络绎不绝地前来观看演出。最后竟然连格鲁吉亚国家电视台的记者也听说了，做了专题采访报道。孩子们的自信心和成就感得到了前所未有的满足。

玛娜娜还组织孩子们进行话剧表演。他们把家里废弃的衣服

兄妹三人

或废旧布料稍做加工，和孩子们一起缝制简单的表演服装，一起背诵台词，表演莎士比亚话剧或经典童话故事，甚至兴致高昂地自编自导自演。

在各种游戏中，孩子们不知不觉地培养起了自信心、创造力和团队精神，世界观、人生观和价值观就在这些潜移默化中逐渐形成。

米拉夫和玛娜娜更是从来没有为孩子们规划过未来，或是强迫他们去走一条所谓的成功之路，只是尽可能地让他们多看多做，然后鼓励他们做出自己的选择。正是在这样的开明与宽容的成长环境中，孩子们从小就真切地感受到父母亲对自己的尊重和信任。如果孩子们做错了事情，米拉夫和玛娜娜也不会暴跳如雷、横加指责，而是温和地倾听他们的理由，给予提醒和忠告，更是从来没有打过他们。

三个孩子从小到大从未与父母亲之间有过真正的冲突，更未产生过什么逆反心理。经常有人羡慕地对玛娜娜说，你真幸运，三个孩子都是这样听话的乖孩子！可是玛娜娜总是回答他们同一句话：这不是幸运，而是培养的结果。

孩子们长大以后，玛娜娜更是从不干涉他们的决定。即使有些事情她并不赞同，也只是提出自己的建议，而把决定权留给他们自己。

大儿子高戈高考时，玛娜娜创办的格鲁吉亚大学已经成立并步入正轨，在很多方面都不逊于像第比利斯国立大学这样的老牌学校，因此高戈便以优异的高考成绩选择了格鲁吉亚大学继续学习。高戈在大学期间各门功课都名列前茅，有同学对他说："你之所以能得到这么好的成绩，只不过是因为你妈妈是校长罢了。"个性好强的高戈一气之下，想要转学去第比利斯国立大学继续后面的学业。玛娜娜对高戈的意气之争很是不以为然，并为高戈的决心离开颇有几分伤心和失望。但高戈主意已定，玛娜娜唯有保留自己的意见。高戈在第比利斯国立大学依然勤奋努力，表现突出的他很快被推荐参加了格鲁吉亚与德国高等院校之间的交换生项目。玛娜娜看到高戈能够真正为自己的选择负责并做出努力，便欣慰地接受了高戈的决定。

由于米拉夫和玛娜娜都是非常开明和民主的家长，孩子们遇到事情从不隐瞒，而是信任地去征求他们的意见和建议，不论是在学习、工作上还是在爱情与日常生活方面。

二女儿卡特琳娜工作不久就谈了一个男朋友，米拉夫和玛娜娜见过之后都比较满意，小伙子话不多，但是性情宽厚、待人和善。一年之后就在两人准备谈婚论嫁之时，却因为一些琐事产生了矛盾，卡特琳娜不愿委屈自己，坚决提出分手。玛娜娜知道后并未追根问底，而是在聊天过程中随意谈起自己对卡特琳娜男朋友的看法，暗示他们两个其实很合适。卡特琳娜一向对妈妈很是敬佩，再三考虑之后，选择了与男友复合。婚后的生活果然如玛娜娜所预料的那样，很是幸福。丈夫的体贴温柔让卡特琳娜非常庆幸自己没有错过对的人。

小女儿蒂阿娜的经历却要跌宕起伏得多。蒂阿娜在大学时谈了一个男朋友，当时她只有20岁。本想完成学业之后结婚，可是男友却提出必须马上订婚，半年后结婚，并几次三番地以分手相威胁。年轻的蒂阿娜陷入爱情中无法自拔，害怕失去自己的爱人，无奈之下只得同意。米拉夫和玛娜娜对此极为不满。玛娜娜很少见地对蒂阿娜表明反对态度，并与之交流沟通，希望她至少等到大学毕业以后再决定终身大事。但蒂阿娜最终还是决定听从男友的安排。玛娜娜尽管不赞成，但并未坚持下去，而是尊重了蒂阿娜的选择。

订婚之后，蒂阿娜就搬到男友家里，与未来的公婆住在一起。当现实的无奈和残酷降临到自己身上时，蒂阿娜才发现自己原来是那么幼稚可笑。除了生活习惯的不同，蒂阿娜更难以忍受男友对自己自由的限制：不准出去和朋友们聚会；不准与娘家过于亲密；不准与其他男子来往……一个又一个的"不准"让在自由环境中长大的蒂阿娜几乎无法呼吸。蒂阿娜大学毕业前夕，找到了一个不错的实习机会，但男友却强迫她放弃，只因为实习导师是一位年轻男性！

就在婚礼前的两天，再也无法忍受的蒂阿娜终于下定决心彻底离开了男友和他的家。这是玛娜娜意料中的结果，但她一句指责的话也没有，只是紧紧拥抱着痛哭流涕的小女儿，不停地安慰她："如果这不是你的另一半，就应该赶紧让他从你的生命中离去，否则怎么会有新的开始？"但仅有20岁的蒂阿娜还是很难接受这样的结果，自责、内疚、愤怒……各种不良情绪几乎让她崩溃。她暴饮暴食，体重一下增加了20多斤；她情绪不稳定，看到什么都要抱怨发脾气……

在接下来的两年时间里，玛娜娜默默地安排了许多出国考察和旅行的机会：英国、德国、意大利、土耳其……蒂阿娜被玛娜娜邀请担任翻译和秘书。在异国他乡的陌生环境和忙碌充实的工作中，蒂阿娜逐渐找回了当初的自己，完整而快乐。

"有自由才有自觉"，"要让孩子在错误中学习，然后才能吸取教训，真正成长。"玛娜娜这样说。

三、难关：携手觅新途

生活就像大海，每时每刻都在变化。这一刻看似安详如镜，下一刻出现的却可能是狂风暴浪，将所有的人席卷其中，无力逃脱。玛娜娜的家庭生活一直幸福而安稳，但她却无法阻止国家和社会那突如其来的动荡。他们这个小小的家庭在这样的狂潮中颠簸挣扎着，用尽全力想要找到生存下去的方法。

1991年5月26日格鲁吉亚事实上脱离苏联，宣布独立，加姆萨胡尔季阿当选为总统。这一举动直接催化了同年年底的苏联解体。1991年12月25日戈尔巴乔夫发表电视讲话正式宣布辞职，长达69年历史的苏维埃社会主义共和国联盟宣告终结。

格鲁吉亚独立后，国内各种政治力量之间的权力斗争日趋激烈，政府出现了严重的危机。1991年9月，以西古阿总理和国民卫队司令基托瓦尼为首的反对派武装力量同总统加姆萨胡尔季阿的军队发生流血冲突。总统藏身市中心政府大厦，而反对派就把据点设在了政府大厦对面的“第比利斯旅馆”。反对派武装力量动用了坦克、装甲车、火箭炮等重型武器，忠于总统的军人也动用了先进的现代化武器。战斗从最初的政府大楼逐步扩展到附近的音乐厅、少年宫、军官之家、剧院等，许多商店和住宅也卷入了战火之中。激烈的战斗持续了半个月之久，导致整个第比利斯的生活陷入瘫痪，机场关闭，铁路中断，道路封锁，交通停顿。①

许多第比利斯的市民都记得那一年的圣诞节。没有往常绚烂的鞭炮烟火，没有流光溢彩的圣诞树，没有亲情浓郁的热闹宴会。耳边听到的是远处传来的几声零星枪炮声，眼睛看到的是窗外偶尔闪耀的爆炸火光。人们瑟缩地躲藏在家里，不必说美酒佳肴，连最

① 俱孟军：《动荡不安的格鲁吉亚局势》，《瞭望周刊》1992年第3期。

起码的面包、奶酪也不能保证。人们唯有虔诚地祈祷，渴盼战争快点结束，和平快点到来。

这场冲突导致格鲁吉亚国内局势剧变。1992年11月，格鲁吉亚议会选举谢瓦尔德纳泽为国家元首。1993年10月，格鲁吉亚陷入一场由政府军、反对派、阿布哈兹分裂主义武装的三方内战，直至年底才在俄罗斯的帮助下平息了内乱。1994年9月，议会中的反对派掀起“倒谢”运动，要求谢瓦尔德纳泽辞职，议会与政府之间也爆发了冲突，激烈的斗争之后，谢瓦尔德纳泽才保住了总统之位。[①]

在苏联时期，格鲁吉亚的经济在相当程度上依赖苏共中央的拨款援助，虽然并不富足，但是居民们的基本温饱都能保证。脱离苏联，格鲁吉亚无力自给，尤其是需要进口的粮食、肉、奶、糖等一系列食品更是出现了严重短缺现象。整个城市的水、电也都不能满足供应，燃料储备早已用尽，银行没有现金支付。

“没水、没电、没钱、没食物……那是我一生中经历的最困难的时期”，20年后，米拉夫回忆起那段生活依然情绪低落。那时，大学已基本停课，大学老师的工资少得可怜，一个月只有区区5美元，而且还不能按时发放。即使有了钱也没有东西可买，超市里面只有空荡荡的货架。

那段时间，每天都会有一辆装满面包的大车来到，大家凭借发到手里的粮票限量购买。每次都是人潮汹涌，很多人都抢不到。抢不到的人只能沮丧地回家，全家挨饿，第二天更早地来排队抢购。

① 苏畅：《列国志·格鲁吉亚》，社会科学文献出版社2005年版，第64页。

那段时间，每天早上天不亮，米拉夫就会把玛娜娜送到抢购的地点。玛娜娜总是最早一批赶到的人，总能排到队伍的前面去。装满面包的货车来了，人们蜂拥而至，长龙般的队伍瞬时失去了秩序，只能看到数不清的人举着手中的粮票疯狂地向前拥挤着。玛娜娜排在最前面，娇小的她几乎难以支撑和控制自己的身体，连站稳都不可能。玛娜娜坚强刚毅的性格此刻发挥了作用，她大声喊叫着，用尽全身力气推开不断向前拥挤的人群，艰难踉跄地向外挪着步子。终于挤出来了，护着手中早已看不出形状的面包渣和面包块，她心中很是满足，尽管头发散乱、衣服褶皱、气喘吁吁。

“也就是我吧，如果换成米拉夫，他早就被挤倒了，不知道要被人踩成什么样子！”只有1.5米高的玛娜娜抬眼看着1.8米多的米拉夫得意地说。

但是，仅靠抢购来的那一点点面包无论如何都不能满足一家人最起码的需要。米拉夫和玛娜娜动起了脑筋。

苏联时期，所有的东西都是统一分配，大家凭借各种粮票、布票等票据到国营商店换购生活必需品。可是独立后动乱不断，所有的物资都极其匮乏，即使持有票据也基本相当于白条。

如果能弄到些什么生活物资，再倒卖出去……米拉夫和玛娜娜的眼睛亮了起来。苏联时期，人们的思想观念已然僵化，习惯了日用品和必需品完全由政府来安排配发，而米拉夫和玛娜娜却有着开阔的眼界和灵活的脑筋，一眼就看到了商机所在。更何况，国家独立后已不再限制私有经济的发展。

恰巧他们居住的那栋楼的临街一层有一个空房间等待出租。米拉夫和玛娜娜毫不犹豫租了下来。没有资金，两人几乎借遍了所有的亲戚朋友。可是当时大家基本都是处于一穷二白的地步，连银行也无法支付现金。最终拿着那少得可怜的借款，玛娜娜去了农村。她预想，城市物资极其匮乏，但农村却是自给自足，至少能买到一些食品。果然如她所料。由于钱太少，她只买了一些农民自制的馕饼、奶酪和巧克力回来。

便利店规模很小，只有十几平方米，也没做任何广告宣传，可是一开张，周围的居民就蜂拥而来，没等玛娜娜反应过来，东西就被一抢而空。只卖了这一点点食品就不仅收回了所有的成本，还略有盈余。玛娜娜找到了生财之道。

就这样，玛娜娜的身份从一个大学教师顺利转变成了便利店老板。夫妻二人对这种身份的变化，并没有太大的心理落差。在开店之前，为了多赚点钱，米拉夫甚至还做过一段时间的搬运工。两人都心怀坦荡，想得透彻明白：工作谈何贵贱，在这样的社会环境中，只要能赚到钱，能生存下去，就足够了。

玛娜娜的生意以惊人的速度发展起来。短短两年时间就在第比利斯开了四家连锁店。一方面是因为她所卖的商品都是当时人们生活极度缺乏的必需品，以食品、饮料为主；另一方面也与玛娜娜的热情善良有关。她做生意可说是诚实守信、童叟无欺，有时遇到生活困难的人还会主动降价甚至不收钱，所以她的生意很是兴隆。

一天一位中年妇女到店里来，请求玛娜娜给她留一块奶酪，她下班时来取，因为她的女儿生病了，很想吃。玛娜娜毫不犹豫地给她留了一块出来。到下班时间，一位中年妇女来买奶酪，玛娜娜就给了她，可是不久，又来了一位中年妇女，说来取上午预定的奶酪。

原来是玛娜娜认错了人。她心里非常歉疚，至今仍耿耿于怀。

便利店的兴旺让玛娜娜一家的生活又好了起来，至少能够维持正常的生活运转，也有了给孩子找俄语家教的钱，甚至偶尔还可以去滑雪。

但是在动乱的社会中谁又能独善其身？政治上的战争冲突导致整个社会的秩序都极其混乱，“黑手党”的势力开始扩张，其行为也更加猖獗。小小的便利店成了他们的目标。

“那时候经常会遇到‘黑手党’来抢钱抢东西。有时是一个人，有时是一拨人，他们大摇大摆地走进店里，对我说‘以后这块地盘归我管，你要交保护费！’没有任何可以争辩理论的机会。有的还拿着枪直接威胁。多的时候一天可以遇到三四拨。”玛娜娜对这种情况气愤不已却也无可奈何。每个月赚的钱有四分之三都被“黑手党”以保护费的名义抢掠而去。

有一天已经来过了好几拨“黑手党”，当天的钱已经全部都交了出去。当又有几个人来收保护费的时候，店里值班的是玛娜娜的一个阿姨，她低声下气地恳求他们实在没有钱，能否以后补上。那几个人先是抢了些东西，然后就拿起店里的椅子将货架砸烂了，并开枪将鸡蛋、饮料等物品打得满屋乱飞，店里一片狼藉。二女儿卡特琳娜那时还不到10岁，正在店里玩耍，吓得躲在桌子底下瑟瑟发抖。

这样的现状让玛娜娜很有危机感。她意识到了“开源节流”的重要性。节流自不必说，在那个年代，全家人已是节俭到了极致。但开源方面，却可以动动脑筋。于是在1994年至1995年，她几次到格鲁吉亚西部农业发达区考察，希望能买块土地自己种植玉米。这样一举两得，既可以自给自足，也可以放在便利店中出售。但还未谈妥价格，就遇到了当地的“黑手党”来敲诈，最终只得作罢。

虽然遇到了各种各样的困难和危险，但那段时间有了便利店作为后盾，起码一家人都能够吃饱饭。而这，在那个动乱的年代里已经是奢求了。

1996年由于社会再次出现了变化，便利店只得关闭。为了继续维持生活，玛娜娜和米拉夫开始寻找另外的生存途径：做家教。由于两人都是学识渊博的高级知识分子，倒也没费什么力气，自有学生慕名而来，主要是即将参加高考的高中生。玛娜娜辅导历史，米拉夫辅导生物。于是夫妻二人又开始了不停奔波于第比利斯不同角落的生活。没有了便利店，生活更加拮据，玛娜娜不得不去买一美元一件的二手衣服。但是“还好，我们那时能吃饱饭”，米拉夫和玛娜娜都是随遇而安、知足常乐的人。

那个年代在米拉夫和玛娜娜的生命中留下了不可磨灭的印迹，或许有辛酸，或许有恐惧，但却教会了他们怎样生存下去，除了“无论怎样也要好好活下去”的坚强信念，更学会了活下去所必需的能力和技巧。

“天行健，君子当自强不息”。生活的苦难让他们变得更强大、更亲密，也更有资格去拥抱美好的未来！

四、度假：心灵栖息处

度假是格鲁吉亚人最重视的事情之一。尤其是每年的夏季和冬季，更是全家出游度假的集中时期。在度假中，彻底放飞纠缠于俗世的心灵，享受大自然赐予的美丽，更重要的是，让一家人的关系在度假的过程中更加亲密，更加升华。格鲁吉亚人恐怕是世界上最重视家庭，也最懂得享受生活的民族之一。

由于格鲁吉亚是传统的农业国家，农民占了人口的大多数，即使是在城市工作和生活的人，也会在乡间有长辈留下来的老房子。因此，不论贫富贵贱，人们几乎都将度假看作是生活中的必需品，而不是奢侈品。有钱的人，可以选择去国外度假，也可以选择去热门的黑海之滨；没钱的人，则会回到乡间老房子，享受安宁淡然的农村气息。

玛娜娜的家庭是较为少见的数代都生活在城市的家庭，因而在乡间没有老房子。但是每年他们都会在乡间租好别墅，在暑假里去度过一两个月的快乐时光。格鲁吉亚绝大多数都是山地，森林众多，乡间别墅也往往都是位于山间，或在森林边缘。

1989年夏天，塔玛拉·伯德尼什维利一家去著名的旅游城市利卡尼度假，巧遇了也在那里度假的玛娜娜一家。当时高戈8岁，卡特琳娜6岁，小女儿蒂阿娜刚刚一岁多，塔玛拉的儿子8岁，女儿2岁，孩子们在一起很玩得来，大人们也聊得很愉快。从此以后，两家人便成了关系亲密的朋友。回到第比利斯之后也联系不断，每到假期就会相约一起去蒙格里西度假。

蒙格里西位于格鲁吉亚的西部，那里地貌丰富，既有起伏的山峦，也有平坦的草原，更有令人陶醉的蓊郁森林。玛娜娜小的时候，她的父母就常常带她和弟弟们去度假；玛娜娜结婚后，也将这片美丽的土地当作度假的首选。即使是在生活极其艰难的20世纪90年代，这种度假也从未中断过。

蒙格里西草原景色

开始他们只是临时租住蒙格里西乡间的空房子，后来实在喜欢附近的风景，便萌生了购买的想法。说做就做，塔玛拉和玛娜娜都是做事爽快的人。于是，一有时间两人便到附近寻找合适的房子。

由于蒙格里西是著名的度假胜地，因而房子的价格较为昂贵，她们找了很久都没有合适的。好不容易看好一个，却在付钱之际卖主临时反悔；又陆续看好了三四个房子，不是卖主不在就是价格实在谈不拢，最终还是空手而归。有一个卖主建议他们继续向里走，到埃奥戈特附近看看，那里相对偏僻，房子的价格也会低一些。当走到埃奥戈特时，她们果然发现路边不远处有一栋孤零零的破旧的二层空房子，附近没有其他居民，但是风景极佳：靠山、临水，前面则是宽阔如茵的平原。

房屋后面是成片的果树林，有苹果树、李子树、核桃树、梨树等等很多种类。穿过茂密的果树林是一条近10米宽的清澈见底的淙淙溪水，几块大石稳稳地立在溪水中间，形成跌宕起伏的小瀑布，几条灵动的小鱼伴着溪水向远处流去。溪水两侧是茂密的灌木丛，结满了红色、紫色的各种浆果。溪水对面便是高高的山崖，隐约可以看见山崖上郁郁葱葱的树木。

塔玛拉和玛娜娜对这里一见钟情，立刻上前与房东谈价格，从3.5万卢布砍到3.2万卢布，约1600美元。在20世纪90年代，这笔钱对两人来说不是个小数字。谈好价格后，塔玛拉和玛娜娜各自回去想方设法地筹钱。玛娜娜回去接了更多家教的工作，而塔玛拉则在土耳其与格鲁吉亚之间做起了“倒爷”，在那个物资奇缺的年代，这无疑是一条快速的生财之道。就这样，两个并不富裕的家庭好

树木掩映中的乡间别墅

不容易凑够了买房子的钱。

第二年春天就开始了规模浩大的装修工程。虽然附近风景极佳，但房子却是40年前修建的，里里外外都很颓败破旧。除了墙壁是结实的，其余各处都是“弱不禁风”。塔玛拉与玛娜娜两家将这栋二层小楼隔成了两个独立的部分，一家一半，塔玛拉还为这个乡间别墅取名为“两个鸟巢”。

玛娜娜一家全部投入到了装修工程中。去掉里面相隔的墙壁，将客厅打通，加了柱子，还利用附近邻居卖给他们的砖加盖了一个会客用的小客厅。楼上是三个卧室，楼下则是客厅、餐厅、厨房和卫生间。米拉夫那时还发着烧，但他兴奋地指挥着孩子们忙里忙外，好像完全忘了生病这回事。有时候女人和孩子们累了，就会在树林中扯起吊床，优哉游哉地躺在上面看米拉夫垒墙。米拉夫一向腼腆害羞，看到这么多人盯着他，很想趁机表现一下，暗下决心一定要垒好，千万不能丢人。结果在巨大的心理压力下，那面墙垒得东倒西歪，惹来大家一阵阵哄笑。

米拉夫还在屋后面十几米的地方加盖了一个木制的小亭子，里面是米拉夫亲手制作的木头桌椅。房屋的内部装修也是米拉夫带着孩子们一点一点完成的：铺设地面、粉刷墙壁、制作简单的家具……主要工作完成之后，在米拉夫的帮助下，孩子们甚至在屋后面高大的核桃树上建起了一个小木屋！

此后每年的夏季，塔玛拉和玛娜娜两家人就会开着一辆破“拉达”来到“两个鸟巢”。有时候别的朋友也会一起到这里来度假。

河水涨满了整个河道，孩子们像鱼儿一样跃进河中游泳、打水仗，丈夫们则拿着渔竿到上游的小湖泊钓鱼。小湖泊中有一种体形细长的鱼，红色的鱼鳞很漂亮，虽然叫不出名字，但是做鱼汤非常美味，受到大家最热烈的欢迎。每次丈夫们满载而归的时候，都会像凯旋的战士般趾高气扬。女人们会去采蘑菇、摘野果，然后在凉亭中架起烤肉架，不一会儿，各种烤肉、烤蔬菜的香味便飘散出来，令人垂涎欲滴。

在惬意之余，偶尔也会遇到一些惊险的突发事件，给度假生活增添了更多回忆。有段时间孩子们每天结伴出去玩，到天黑时才一身泥巴地赶回来，而且总是故作神秘的表情。玛娜娜有点不放心，便偷偷地一路跟踪而去，果然发现了事情的真相。原来山崖上有一棵大树在风雨中被连根拔起，无数的根须在地下形成了很多松软的孔洞，孩子们将这里当作“秘密基地”，每天钻进洞中探险。玛娜娜看到这种情况吓了一身冷汗，如果孩子们掉落进去，在如此黑暗、深不见底的地下，可能找都找不到。在玛娜娜极其严厉的警告下，孩子们只得很遗憾地放弃了他们的“秘密基地”。

节假日的生活更加丰富多彩。每年的8月28日是东正教的圣母节，正是度假期间。大家会到附近的老教堂里点蜡烛、做祈祷。那个教堂建于4世纪，用厚厚的青石板垒成，历经数次战火却依然保存完好。教堂后面埋葬着几位在“二战”中牺牲的英雄，黑色的石碑庄严肃穆。每个周末或节假日，附近虔诚的人们都会前来。

米拉夫的生日正好是在度假期间。很多朋友会提前赶到乡间别墅，为米拉夫庆祝生日。并不宽敞的乡间别墅挤满了人，人声鼎沸，热闹非常。所有的桌椅都被搬到房屋后面的果树林里，大人们唱歌、跳舞、喝酒、烤肉，孩子们穿行其中，寻找自己的乐趣……

乡间的生活是如此惬意，往往使人忘记了时间，只有偶尔的意

孩子们在乡间别墅

外才会让人想起此时正是格鲁吉亚的动乱时期。有时候会断了粮食，没有面包，也没有肉和蔬菜，玛娜娜会步行到附近的农村向当地农民买一些，她还想方设法寻到了一个二手面包机，自己在家里烤面包。另外，动乱时期水电供应不足也令人很是头疼。没有水大家只能到屋后面的溪水中洗衣服、洗碗、洗澡，没有电就只能点燃蜡烛。玛娜娜至今清楚地记得，第一次也是唯一一次被人叫作“疯子”的情景。由于经济拮据，有一次玛娜娜未能及时缴纳电费，房东来催。玛娜娜说两天后丈夫就会来交，请求房东宽限两天。但房东却毫不让步，玛娜娜一时情急，爬上旁边的草垛，拿着铁锨对房东大吼大叫。房东大叫着“疯子！疯子！”就逃走了。两天后电费当然是交上了，但“疯子”的称呼却让丈夫和朋友们嘲笑了很久。

埃奥戈特的乡间别墅就如同一个世外桃源，在最困难拮据的时期，让玛娜娜一家仍有一个快乐的栖息地。即使是短暂的，但这种发自心灵的快乐也让他们更加有勇气去面对生活的残酷。

塔玛拉说，对于每一个家庭而言，妻子的态度都是最重要的，尤其是面临困难的时候，整个家庭是否能在困境中坚持下去，很大程度上取决于妻子的态度。而玛娜娜显然做得很好，她始终保持着一颗快乐的心灵，给丈夫和孩子们最有力的精神支撑，即使是在生活最困难的时候，他们的快乐也从未减少过。

2008年，玛娜娜一家的经济情况已经好转。这时玛娜娜创办的格鲁吉亚大学已经走上正轨，并决定在巴图米开办分校。为了以后更方便地管理分校，同时他们也喜欢上了巴图米黑海岸边的古松林度假区，于是就买下了第二套度假别墅。那是格鲁吉亚相对高端的度假区，没有围墙，一栋栋度假别墅全部被第三纪的古老松林围绕着。这些望不到边的古老松树不知生长了多少岁月，很多树干上都爬满了绿色的藤蔓，一直爬到树的顶端，包围了整个树冠，然后长长地垂下来，风吹来时摇摇摆摆，充满了亘古以来的悠远气息。地面上到处都是茂密的灌木丛，红色、黑色的浆果点缀其中，耳边偶尔掠过远处不知名的飞鸟与草丛中不同音色小虫的鸣叫，更显森林的幽静。向前不过百米，便是无垠的黑海。黑色的沙石细腻柔滑，轻轻从脚趾缝中涌出，酥痒舒适。阳光灿烂时，人们便在沙滩上晒日光浴，或是冲进清澈的黑海中，享受浪花的丝丝凉意。

玛娜娜买下的这栋别墅规模相对小一点，里面的设置也相当简陋，只有最简单的平板床和最起码的厨具、桌椅。玛娜娜说，我们一家人都很喜欢这里的风景，物质上的东西无关紧要。

这时，玛娜娜创办的格鲁吉亚大学已经有了相当的名气，而米拉夫在政府的工作也非常顺利，三个孩子都已大学毕业参加工作，除了小女儿蒂阿娜之外都已结婚。平时大家相聚的时间少了很多，但是每到假期，孩子们都会来到这里，尽情享受大自然的美景和家人之间浓郁的亲情。

高戈和蒂阿娜最喜欢坐在别墅前的长椅上手持画笔醉心涂抹古松林和黑海的美丽风景，卡特琳娜和丈夫总是带着宝贝儿子去采摘浆果或到沙滩上捡贝壳，儿媳妇艾拉则最爱躺在沙滩上晒日光浴。玛娜娜和米拉夫静静地坐在窗前，微笑地看着这一切……

巴图米海边别墅

五、品格：雪中送炭人

玛娜娜是一个特别注重亲情和友情的人。她不仅为自己的小家庭付出了全部心血，而且对于家族中的亲戚与身边的朋友同样关心爱护。尤其是当他们遇到困难时，她更是想方设法倾尽全力。即使是陌生人，只要玛娜娜确认对方需要帮助，她也从不吝惜伸出援助之手。

善良是所有认识的人对玛娜娜的一致评价。在困难和危机面前，这种品质散发出来的光芒格外灿烂温暖。

20世纪90年代动乱时期，人们都面临着生活的拮据困顿。物资的极度匮乏让大多数人连填饱肚子的起码要求都变成了奢望。玛娜娜一家人由于有便利店做支撑，相对而言，生活还算是不错，虽然也不过是只能满足基本需要而已。那段时间，玛娜娜的家里几乎成了免费的饭店和旅馆。米拉夫和玛娜娜经常邀请朋友们来家中做客，以聚会的名义让大家难得地吃顿饱饭。有的朋友家里的房屋在战争中被焚毁，或是处于危险地带有家不能回，玛娜娜便安排他们住到家里。走了一拨又来一拨，家里几乎没有断过亲戚朋友的身影。

玛娜娜的好朋友拉莉对那段时期记忆犹新，对玛娜娜的雪中送炭更是铭记在心。拉莉一家当时的生活已经非常困顿，没有钱去看望玛娜娜，尽管他们同住在第比利斯。许久没有拉莉的消息，玛娜娜很是担心，于是和米拉夫一起去看望，带了很多当时稀缺的食品与日用品。看到拉莉生活的窘境，又深知拉莉好强的性格，玛娜娜当时并未表示什么。但在玛娜娜走后，拉莉发现抽屉里放着一摞钱。玛娜娜再来的时候，拉莉一再询问，玛娜娜却一味装傻：不是我放的钱啊，我不知道是怎么回事。从此以后，玛娜娜每隔几天都会送来食品与日用品，而每次她走后，拉莉都会在不同的角落里发现钱，有时是桌角、抽屉，有时是沙发、书柜……第比利斯的冬天很冷，然而动乱时期不可能弄到燃料。玛娜娜去乡间别墅度假时，从农村费劲心力买来羊毛，想给拉莉做一床羊毛被。为了彻底去掉膻味，玛娜娜在冬季冰冷的溪水中一遍又一遍清洗着羊毛，直到手指冻僵不听使唤，导致羊毛被湍急的水流冲走，玛娜娜为了追回所有的羊毛，差点掉进水中。

动乱时期结束后，拉莉失业，玛娜娜四处托人帮忙给她找工作。玛娜娜创办大学后，便直接让拉莉去了学校的图书馆工作。拉莉的女儿玛莉雅高考前为选择专业犹豫不决，玛娜娜建议她去学习历史，并亲自辅导她的学习。那时，玛娜娜已经是非常忙碌无暇分身的格鲁吉亚大学校长。

尽管玛娜娜作为一校之长，每天面对的事务和问题数不胜数，但是她从未忽略教师和学生们的日常生活，经常询问是否有教师和学生们需要帮助。有的学生由于家庭困难，不能按时缴纳学费，玛娜娜就会通知学校相关部门，马上给予减免。有一个叫爱勒尼·巴拉塔什维利的学生，她的母亲曾在学校图书馆工作，后因病去世，家庭生活困难。玛娜娜了解到这个情况后，立刻将当时在别的大学读书的爱勒尼转学到格鲁吉亚大学，免去了所有的学习费用。后来在她的建议下，格鲁吉亚大学设立了助学基金，所有家庭困难的老师或学生均可随时申请。这笔数目可观的经费自然是出自大学的经营利润。努克瑞·达日萨利亚是玛娜娜的司机，玛娜娜从未将他当作下属对待，而把他看作是关系亲密的朋友，甚至是家人。努克瑞的妻子怀孕时被检查出胎儿有问题，需要长期做检查并服用国外进口的药品。医疗费用之高对努克瑞一家而言，可说是天文数字。玛娜娜当即拿了足够的钱送去医院解了燃眉之急。婴儿平安降生后，担心努克瑞一家会因此经济拮据，玛娜娜又送去了生活费。

2012年，玛娜娜挽救了两位朋友的生命。那一年，玛瑞娜患了一种罕见的血液病，需要换血才能维持生命，但是由于血型比较稀少，在格鲁吉亚国内未能找到配对的血型。玛娜娜心急如焚，最终通过朋友在亚美尼亚找到了相同的血型，才换血成功。而换血所需的大笔医疗费用，大部分也是由玛娜娜支付的。那一年，塔玛拉查出在心脏附近长了一个13-14厘米的大肿瘤，许多医院检查后都怀疑是癌症，在莫斯科治疗了三个月没有好转。塔玛拉几近绝望，玛娜娜一面安慰她，一面帮忙联系了一位著名的德国医学家，将塔玛拉的所有资料都发了过去，终于证实是良性肿瘤。塔玛拉得到了适当的治疗后很快痊愈。

2013年，玛娜娜年仅50多岁的大弟弟弗拉基米尔突发脑溢血去世。他之前身体一直很健康，没有任何征兆，全家人对此都没有任何心理准备。他的妻子和两个儿子瞬间被噩耗所击倒，大儿子更是由于和父亲感情深厚，无法接受这样的现实，多次昏厥，不得不送到医院抢救。电话中得知噩耗时，玛娜娜正在朋友家里做客，素来注重亲情的她同样无法接受这样的现实，情绪立刻失控，撕心裂肺地大声号叫哭泣。但想到弟弟的家人，玛娜娜在朋友的安慰下立刻调整情绪，赶往弟弟家里，一面强忍内心悲痛帮助料理后事，一面劝慰弟媳与两个侄子。弟弟拥有自己的公司，他的突然离世让公司陷入停顿状态，即使他的大儿子接手了公司，由于资金链出现问题也难以正常运营。玛娜娜想方设法筹集了一笔数目不小的资金，帮助他渡过难关。与此同时，玛娜娜几乎每天都去弟弟家里，与弟媳聊天，引导她一步一步走出悲痛。实际上，那时的玛娜娜也正是工作最繁忙的阶段，她一再改变日程安排，只是为了让弟弟的家人平稳地回到正常的生活中来。弟媳维拉蒂米尔说："那段时间里，玛娜娜是我们一家人的精神支柱。当我们都崩溃的时候，她反复告诉我们'没有时间伤心，公司不能解散，只有坚持下去，化悲痛为力量，去世的人才能得到安慰’。”

儿媳妇艾拉是西班牙混血儿，父母都在西班牙，她独自一人嫁到格鲁吉亚，但从没有过孤单的感觉，因为玛娜娜对她就像亲生女儿一样，甚至比对卡特琳娜和蒂阿娜还要好。有一次艾拉去看牙医，回家后却发起了40℃的高烧。玛娜娜立刻赶过去看望，并给牙医打电话。艾拉至今还记得玛娜娜那带着哭腔的颤抖的声音：“为什么不好好照顾我的孩子？她的亲生父母不在身边，万一有事怎么办？”婚后一年，艾拉怀孕却意外流产，玛娜娜放下手头所有工作，陪伴在她身边，无微不至地照顾她，还叫来蒂阿娜一起劝慰她，逗她开心。艾拉给自己的父母亲打电话最常说的一句话就是，“你们一点都不用担心，因为我在格鲁吉亚有最好的爸爸和妈妈。”

玛娜娜听说，弟弟弗拉基米尔有一个朋友，因为还不起房贷，房子即将被银行收走。于是玛娜娜便帮忙还清了所有的房贷。

玛娜娜听说，有一个智障儿童喜欢下国际象棋，但家庭情况非常困难。她通过各种渠道找到他的家，表示负责以后这个智障儿童的所有费用，并帮助他找了国际象棋教练。

……

玛娜娜的一位朋友笑言：玛娜娜是个小心眼的人，很容易吃醋，如果你有困难不去寻求她的帮助，她就会伤心地认为，你不把她当作好朋友！

“锦上添花易，雪中送炭难。”玛娜娜可能并没有听过中国有句话叫“老吾老以及人之老，幼吾幼以及人之幼”，但她以自己纯净善良的心灵去感受他人的幸福与不幸，并力所能及、毫无保留地付出自己的所有，让那些在寒夜或冰雪中踟蹰的人们感受到一线光亮或一丝温暖，并因着这光亮与温暖有了继续前行的勇气和力量。

第四章　跃马扬鞭辟新天

一、人生的转角

2002年是玛娜娜生命的转折点，也是全家人生活彻底改变的转折点。

那时国家政治局势刚刚稳定不久，生活也逐步回归到正常轨道上来。已经是教授的玛娜娜在第比利斯国立大学除了按部就班地教课之外，承担起了更多的科研项目和行政任务。米拉夫由于格鲁吉亚不重视发展生物专业研究，无奈之下放弃了钟爱的生物领域学术研究，于1999年去了政府的教育部门工作。到2002年，他已经完全适应了这份工作，并决心利用更高的政府平台为国家做更多的事情。三个孩子都在上学，成绩优秀。

所有的人都以为生活会一直这样继续下去。但是一个人、一个电话、一次参观考察使这一切都彻底改变了。

茱莉雅·拉萨米亚，在格鲁吉亚这是一个人尽皆知的名字。不仅因为她是著名的历史学家，更因为她培养了一个举世瞩目的儿子——领导了格鲁吉亚“玫瑰革命”，刚满36岁就登上政治巅峰的前总统米哈伊尔·萨卡什维利。

茱莉雅同样毕业于第比利斯国立大学东方学专业，但是比玛娜娜要早20多年。苏联时期她在莫斯科完成了副博士阶段的学习，毕业后回到第比利斯国立大学历史学院的研究所工作。与玛娜娜的教师身份不同，茱莉雅是负责科研工作的研究员。那时她与玛娜娜并不熟悉，但是多次从历史学院院长玛利娅与其他同事口中听到，玛娜娜是一个多么优秀的人才。

1998年，玛娜娜除了照常在第比利斯国立大学工作之外，还担任了一个私立大学国际黑海大学的执行董事，参与了诸多学校管理

茱莉雅·拉萨米亚（图片来自格鲁吉亚大学官网）

工作。不久，茱莉雅也到这里兼职，并于2002年出任国际黑海大学副校长。在黑海国际大学的工作过程中，两人渐渐熟悉起来。

2002年国家推出了一个考察美国教育界的项目，要求参加者既是教育界的精英代表，又必须从未去过美国。茱莉雅在自己报名的同时，也想到了玛娜娜，于是给她打电话。

玛娜娜听到这个消息，半小时后就从学校赶到了她的家里。玛娜娜虽然酷爱去各地考察旅行，几乎走遍了欧洲、亚洲国家，但是还没有去过美国。更重要的是，这时的她正在深入思考格鲁吉亚教育发展的方向和模式问题，而美国的教育却是全世界公认的先进。

茱莉雅与玛娜娜参观考察了众多美国大学，既有公立大学也有私立大学。美国先进的教育让两人大开眼界，令她们感触最深的是私立大学庞大的发展规模与重要地位，及其在教育中起到的不可或缺的作用。格鲁吉亚独立后，政府开始允许并鼓励发展私立学校。私立学校的出现不仅给学生们提供了更多的选择机会，还给很多因动乱导致经济困难甚至失去工作的教授和学者提供了新的岗位。但是私立大学的规模却始终发展不上去，在教育界中的地位和作用与公立大学相比更是天渊之别。

茱莉雅和玛娜娜白天考察，多看多问多记，尽可能多地了解各方面信息；晚上回到宾馆则秉烛长谈，从格鲁吉亚高等教育发展的现状和弊端到未来的发展方向；从欧美国家先进的经验到格鲁吉亚的具体国情；从教育政策的制定到教育改革的切入口……两个人在一次又一次的沟通交流中产生了共鸣：格鲁吉亚在经历了十年动乱后，一切百废待兴，教育必将是国家最为重视的发展内容之一。

要想尽快赶上欧美先进国家，最快的捷径就是借鉴他们的先进经验；要想将这些先进经验付诸实践，并检验是否符合格鲁吉亚自身的需要，则必须开辟一块试验田。

从美国回来之后，茱莉雅和玛娜娜立刻投入到建立试验田的想法中去。她们找到格鲁吉亚科技大学的校长瑞姆兹·胡乌泽，与之深谈了她们的想法。三个人都对教育现状有着客观而深刻的认识，都认为格鲁吉亚的教育体制和方式均有待改革，而建立一块试验田是目前极为必要的事情。

构想很快就变成了现实。

2002年底，挂靠在格鲁吉亚科技大学名下的新增硕士点美国研究中心开始了运转。这个中心以研究美国的社会历史发展为主要内容，对此感兴趣的本科毕业生均可在通过相关考核之后进入中心学习，毕业后授予硕士学位。之所以选择美国作为研究对象，是因为茱莉雅和玛娜娜都看到了格鲁吉亚当时的社会正在发生变化，走向进一步改革开放的趋势日益明显，而美国无疑是最重要的学习目标之一。在不远的将来，随着欧美文化的进入，熟悉这些先进文化的学生将会更好地适应未来的发展形势。

当时，格鲁吉亚所有的高校都没有开设类似的专业，没有任何可以参考的对象。为了合理地设置课程，茱莉雅和玛娜娜费尽心思，除了参考欧美的经验，更要注重格鲁吉亚的具体国情。尤其是对怎样把二者完美地融合嫁接在一起，她们进行了多番论证。

找合适的老师更是难上加难的事情，除了要有很高的专业素养，更要有熟练的英文，因为很多课程是全英文授课。格鲁吉亚作为苏联的加盟国，通行外语是俄语，英语一直都处于边缘位置。即使茱莉雅和玛娜娜本身就处于学术界的尖端位置，要想找到所有课程的合适老师也不是容易的事情。更为窘迫的是，作为零启动资金的她们实在无力开出高薪。迫不得已，二人将身边所有认识的同事朋友全部动员起来，终于找到了12个老师，全部是朋友，或是朋友的朋友。雅帕·库克伯尤兹就是其中的一位。她于20世纪90年代毕业于第比利斯国立大学，是玛娜娜的校友。2004年，雅帕去美国做交换学者，刚回国就赶上格鲁吉亚大学创建。刚从美国回来的雅帕理所当然地成了玛娜娜的最佳目标。由于恰好是感兴趣的内容，并且预见到这两个专业在不久后必将大受欢迎，雅帕便十分乐意地接受了玛娜娜的邀请。

为了招收学生，学校在招聘网站上贴出广告，并到各个大学的校园内张贴宣传海报。由于专业的前沿性，吸引了很多人前来报名，不仅有在校大学生，还有很多已经参加工作，甚至是在某个领域做出了相当成绩的成功人士。因此，第一批学生的质量非常高。由于他们中的大部分人白天要工作，上课时间便调整到了晚上7点至10点。

这个新的硕士点设在格鲁吉亚科技大学两间废弃的教室内，空空荡荡毫无一物。茱莉雅和玛娜娜将家里的一台电视机、一件沙发卖了1000美元，才勉强添置了最起码的桌椅等基本教学用具。更有甚者，由于废弃的教室内没有通电，在很长一段时间内，老师和学生不得不点着蜡烛上课、学习。虽然只是两间废旧教室，虽然只是破旧的桌椅，但是每到夜晚，这里就变成了远离俗世的知识伊甸园。星星点点的蜡烛照亮了一个个年轻的面容，每一个人都聚精会神地沉浸在学习知识、享受知识的快乐中。作为教师的雅帕常常站在讲台上，静静地看着这一切，心里翻涌着无限的感慨与感动。就是这份感动让她改变了临时友情帮忙的初衷，而是在这里落地生根，用最美好的青春见证了格鲁吉亚大学发展的每一步，更为这个年轻的学校贡献了所有的学识和智慧。

如大家所愿，美国研究中心大受欢迎，很快又增设了欧洲研

玛娜娜与雅帕·库克伯尤兹在格鲁吉亚大学教学楼前

究中心。在学生们的强烈要求下，学习的内容也从美国和欧洲的历史扩展到了商业管理、行政管理、文化教育管理等诸多方面。

美国研究中心和欧洲研究中心秉持着公平和公正的原则，所有的学生都必须付出巨大的努力之后，才能考试合格并顺利毕业。

这两个新增的硕士点很快引起了极大的关注，全新的教学理念和教学内容，以及学生毕业后在就业方面显而易见的优势，都让沉闷已久的格鲁吉亚教育界震惊。慕名前来报考的人数不断增多。

2004年7月，在与格鲁吉亚科技大学重新商定之后，研究中心升格，成为挂靠在格鲁吉亚科技大学下面的社会科学学院。由于格鲁吉亚科技大学的军事部随着动乱的平息被取消，空出了一栋简陋的教学楼。社会科学学院便从那两间废弃的教室搬到了空置的教学楼中。

但是此时，对于未来的发展道路，茱莉雅和玛娜娜与格鲁吉亚科技大学之间却产生了分歧。2004年底，社会科学学院从格鲁吉亚科技大学中独立出来，成为格鲁吉亚社会科学大学。很快，学校的名称又改成了格鲁吉亚大学。

名字的改变看似简单，实则彰显了茱莉雅和玛娜娜的非同凡响的雄心和更为宏大的梦想。她们的目标是要建立一所囊括多种学科的综合性私立大学，比如商学，比如建筑学，比如……曾经是她们全部的社会科学，现在只是梦想中的一个部分而已。

那段时间，性格外向的玛娜娜几乎每次与朋友见面，都会滔滔不绝地讲述着格鲁吉亚大学的未来蓝图。不熟悉的人会觉得她过于理想化，不切合现实，而了解她的人却无一例外地深信，以玛娜娜的才华与不达目的誓不罢休的执着，这份蓝图一定会实现。

二、迈步从头越

举世瞩目的“玫瑰革命”为格鲁吉亚的发展方向带来了巨大转折，更为格鲁吉亚私立大学的发展带来了“天时”，带来了前所未有的空间。

2003年11月2日格鲁吉亚议会结束后，支持总统谢瓦尔德纳泽的政党获胜，以米哈伊尔·萨卡什维利为首的反对派指责选举中有舞弊行为，不承认选举结果，并发动大规模群众抗议运动。同年11月23日，谢瓦尔德纳泽被迫辞职，米哈伊尔·萨卡什维利领导的反对党获胜，建立了民主选举政府，其本人则当选为格鲁吉亚总统。其时米哈伊尔·萨卡什维利刚刚年满36岁，不仅是独联体各国，还是欧洲各国最年轻的国家元首。因为他每次公开露面都手拿一支玫瑰花，因此这次革命被称为“玫瑰革命”。“玫瑰革命”导致独联体多个国家内部局势的变动，乌克兰、吉尔吉斯斯坦等多个国家随后也爆发了“颜色革命”，在世界范围内引起了巨大影响。

“玫瑰革命”之后，米哈伊尔·萨卡什维利许诺要让格鲁吉亚走上“民主与繁荣”的道路。诸多新政的实施使格鲁吉亚的教育面貌开始改善。

比如2005年全国统一高考的实行就在很大程度上杜绝了以往学校自主招生所带来的腐败现象，让受教育的权利变得相对公平和公正。高考的策划与负责人便是玛娜娜的丈夫米拉夫。他因在实施高考过程中所做出的突出贡献，还荣获了国家荣誉勋章。

比如摆脱苏联时期的教育模式，这方面在高等教育上体现得更加明显，大学的学习内容更多地借鉴欧美国家，管理方法也采取了更加接近欧美国家的学分制。

而对于发展私立学校的政策也更加完善，如批准、监督以及质量评估等一系列政策都为私立学校的发展提供了动力。格鲁吉亚大学就是在这些政策的保证和激励下，迈开了将学校做大做强的步伐。

茱莉雅与玛娜娜参考了众多欧美国家著名私立大学的发展道路，详细地制定了学校的规章制度、组织结构，并建立了学校的最高管理机构——董事会。

2005年3月24日，格鲁吉亚大学召开了第一次董事会。这是格鲁吉亚大学新生的时刻，所有的董事都满怀激情地畅所欲言，对未来充满了信心。这次会议通过与制定了诸多决议，对格鲁吉大学未来的发展方向起到了决定性作用。

在这次会议中，一致通过了茱莉雅担任董事会主席、玛娜娜担任校长的决议。通过了学校的发展目标：成为格鲁吉亚乃至高加索地区规模最大的私立大学，成为在教学、科研与经营等方面最具创新性与前沿性的私立大学，成为对高加索及其周边地区的社会与经济有重要影响力的私立大学。通过了“诚实、厚德、团结、奋斗、奉献”的校训。通过了学校的长远发展战略，即学校通过提供先进的现代科技、科学研究与有效管理等，将学生培养成各个领域中的精英人才，从而为国家、民族与人类的未来做出独特贡献。提出了“为未来而学习”的口号，并将其作为学校的宗旨。

会议还通过了格鲁吉亚大学的校徽。校徽是玛娜娜的大儿子，喜欢绘画的高戈参与设计的。银色与红色的手掌如中国太极图案中

格鲁吉亚大学校徽

的双鱼般对称伸出，试图相握在一起，两手中间呈S形的空白处均匀分布着七颗星星。在圆形图案的外围则标注了格鲁吉亚语和英语的格鲁吉亚大学的校名。校徽的图案象征着格鲁吉亚大学的观念和宗旨：颜色不同的手掌象征我们所生存的世界存在着权力与意识形态之争，只有通过合作与协商才能维持世界的和平与发展，而通向合作的道路便是知识——知识对于世界发展而言，就像照亮了星空、为我们指引方向的七颗北斗星一样重要。

格鲁吉亚大学怀抱着传授知识、打开世界合作大门为己任的远大梦想，就此迈上了快速发展壮大的道路。

三、基建奠柱础

有了“天时”，“地利”同样不能缺少。对于大学建设而言，地利除了要占据最佳的地理位置，更要有强大的基础设施。

单纯从地理位置而言，位于古斯塔瓦大街上的格鲁吉亚大学，无疑占据了首都第比利斯相对市中心的位置，交通非常方便。教学楼距离城市主干道有百余米的距离，使学校有了一个非常安静的环境。教学楼建在地势较高的坡地上，从窗口望出去，不远处便是牵系着第比利斯命脉的库拉河。

得天独厚的地理位置与优美的周边环境给格鲁吉亚大学的发展带来了许多便利条件。但追根溯源，这“地利”最初却从无奈中来。由于2004年政府出台新政策，为了规范私立学校的发展，要求私立学校不能租用教学楼，必须要有自己的教学楼。这一政策使全国范围内的私立大学的数量锐减。这时还在租用教学楼的格鲁吉亚大学也不得不想方设法应对。

格鲁吉亚大学原先租用的教学楼，是由格鲁吉亚科技大学军事部取消而空置出来的，此时已被政府收回。茱莉雅和玛娜娜一致认为那栋教学楼的地理位置与建筑设计都很合适，便想将那栋楼从政府手中买下来。开办初期的格鲁吉亚大学没有庞大的资金支持，但是表现出来的前景已经非常令人心动，因此顺利地以银行贷款的方式解决了资金问题。

有了自己的教学楼，所有的师生顿时一扫从前的漂泊无定之感，从心底涌现的归属感让大家十分兴奋。暑假期间，老师和学生们亲自上阵，对第一座属于自己的教学楼进行了简单的装修整饬。每个人都看到了不远的美好未来，撸着袖子干得热火朝天。

格鲁吉亚大学最早的两个专业美国研究与欧洲研究，均为研究生层次的教育。为了扩大学校规模，2005年7月开始了本科层次的招生。在格鲁吉亚，如果高考成绩优异，可以申请公立学校的奖学金，奖学金申请成功的比例较高，申请成功即可免费就读本科，即使没有申请到，一般工薪阶层也完全能够负担得起学费。而作为私立大学，学费明显要比公立大学高，也没有大规模的奖学金设置。加之当时格鲁吉亚大学的规模和名气都不大，因而在开办初期，招生具有相当的难度。老师们到各个中学张贴海报、散发传单，第一年只招到117名学生。

或许按照常理来看，好不容易招到了数量不多的学生，无论如何都应该想方设法留住他们。但是格鲁吉亚大学竟然反其道而行之，对学生们的学习要求极其严格，每个学期都会对所有科目进行统一考试，如果不能通过考试就必须重修补考，如果依然未能通过考试，就会建议学生转学。到第三个学期的时候，竟然有一半的学生被要求转学。这个比例简直令人难以置信。

茱莉雅与玛娜娜在任何时候都坚持着最初的原则：培养更优秀的人才。创办大学不是为了赚钱，不是为了实现个人的梦想，不是为了提供就业和学习机会，尽管这些都是应有之义，但最终的目的是为了提高格鲁吉亚的教育水平，为国家、民族乃至世界培养最优秀的精英人才。对于大学发展来说，学生的数量很重要，但是为了实现创办学校的初衷，不能为了数量牺牲质量。在这一点上，任何让步与妥协的余地都没有。

这样的严格并未吓住报考的学生，反而为学校赢得了“精英摇篮”的美誉，格鲁吉亚大学成为越来越多学生的报考首选。而学校则更加注重为学生提供各种优越的学习条件，不论是基础设施，还是师资力量，抑或是管理水平，都在快速提升。

如果说成立大学是走出了第一步，那么2007年的购买教学主楼就是迈上了第二个台阶。到2007年时，本科入学人数已从2005年的117人骤增至1473人，学校也具备了一定的经济实力，更重要的是，美好的发展前景愈加明朗。于是学校以银行贷款的方式买下了教学楼旁边的烂尾楼，面积多达16000多平方米。烂尾楼在第比利斯很常见，这无疑也是格鲁吉亚大学发展的地利条件之一，否则以这栋建筑在市中心的位置与规模，价格之高昂恐怕不是刚刚起步的格鲁吉亚大学所能承受的。

这栋烂尾楼呈凹形结构，主楼部分为九层，两侧为阶梯状，以九层、六层、四层的高度向两边延伸开来，楼顶是开放式天台，抬眼便可看到不远处安静流淌的库拉河及其迷人的两岸风景。这样的规模在第比利斯已然算是比较大的建筑物。这栋楼多年前建好后便一直废弃在那里，后被政府收回。格鲁吉亚大学购买时只有一个楼体基本结构，要建设成设施先进的教学楼委实不是一个小工程。但是另一方面，这也给了玛娜娜更多的想象和发挥空间。那一年多的时间里，她无时无刻不在筹划着烂尾楼的改造工程，经常在纸上写写画画，出了一个又一个方案，反复斟酌商定，又几次三番地推翻重来。有时白天忙碌整整一天，晚上回家时已是凌晨两三点钟，却还是思来想去难以入睡，便把丈夫米拉夫从床上拽起来，滔滔不绝地阐释自己的构想和设计。性情温和的米拉夫从未表现过一丝的不耐烦，只是安静地倾听着，偶尔提出几句自己的想法。

教学主楼的设计方案定好之后，茱莉雅和玛娜娜精挑细选了一家装修公司。但是玛娜娜还是不放心将工作全部移交出去，于是每天都会到工地上去与建筑工人交流沟通，对工地负责人反复强调必须保证最好的质量，又对工人们一再催促：一定要快点完成啊，孩子们都等着用呢。不论是炎热的夏季还是寒冷的冬季，玛娜娜从没有一天中断过。只要站在工地上，即使面前是一堆又一堆杂乱的装修建筑材料，她也仿佛看到了自己梦想中的伊甸园。为了让这个伊甸园更加完美，她对装修改建工程精益求精：钉子钉歪了，墙角线不够水平，接待前台的位置不合适……以至于后来工人们一看到她来，就会互相开玩笑：快看，催命的又来了！

装修改建工程用了一年多时间。玛娜娜对于教学主楼的每一个角落都了如指掌。从楼体外部颜色到内部教室、办公室的安排，从门窗的样式到厕所的设计……每一个环节、每一个细节都是玛娜娜亲自确定的。楼体工程完成之后，玛娜娜开始了繁琐的审批程序：水电等配套设施必须经过政府批准才能进行施工。玛娜娜经常白跑了一趟又一趟，为了一点小问题将材料改了一遍又一遍。她毫无怨言地做着这一切，自始至终满怀激情。

为了将教学主楼的装修改建做到最好，玛娜娜不惜投入巨资。对于内部的配套设施，她同样毫不吝啬。除了基本的桌椅、黑板等传统教学设备，所有的教室都配备了多媒体教学设备，成为格鲁吉亚唯一全部使用多媒体教学的大学。一直以来，格鲁吉亚的教育发展就比较落后，除了教育体制，在设备上也是同样，即使是全国最好的大学也是只有一部分使用了多媒体。玛娜娜的这一举动无疑是大手笔，走在了全国所有高等院校的最前列。

工程全部完工的时候，玛娜娜带着老师们参观了一遍，所有的人都震惊了，不仅是震惊于从只有框架的烂尾楼到宽敞明亮、简洁时尚的教学楼这视觉上的天渊之别，更震惊于玛娜娜对每一个细节的如数家珍。崭新的教学环境与最先进的设施给所有的师生带来了前所未有的自豪感和归属感。大家纷纷从家里拿来珍爱的艺术品装饰新的教学楼，走廊里挂满了油画，桌上放满了鲜花……

新的教学主楼面积很大，足够教学使用，因此早前购买的教学楼就空了出来。玛娜娜怎么会浪费资源呢？她早就有了打算。原有

格鲁吉亚大学教学主楼（图片来自格鲁吉亚大学官网）

教学楼的面积也不算小，辟出一半用做图书馆、体育馆和社团活动室，另一半则有新的用处——她正酝酿着一个更大的计划。

用做图书馆和体育馆的部分同样进行了大规模的装修和改建，对原来建筑的基本结构也做了较大的改动。用做图书馆的，把房间的墙壁打掉，把几个相邻的房间打通，改建成宽敞的藏书库和阅览室；用做体育馆的，把两层之间的天花板拆除，做成高旷的室内篮球场和足球场，周围则增建了宽阔的阶梯用作看台。

这些硬件设施改建装修完成之后，玛娜娜开始了配套软件的加强。先是图书馆。由于学校建设投入的资金太多，此时已没有多余的钱用来购买书籍。于是她把家里的藏书打包装箱，一车又一车地拉到了图书馆，一本本地放到书架上排好。一万多本藏书就这样从家里搬到了学校图书馆，没有一点留恋不舍，甚至连书架也全部搬了过去。与玛娜娜同样将私人藏书全部捐出的，还有学校董事会主席茱莉雅。这两位学校的创始人不仅捐献了自己的所有藏书，还动员亲朋好友也捐献藏书，以扩大图书馆的藏书规模。

玛娜娜一不做二不休，更是直接将丈夫、儿子、女儿、弟弟等家人的藏书也搜刮一空。对于玛娜娜的这种行为，大家表现出了宽容与支持。朋友们也纷纷捐出数量不等的藏书。之后玛娜娜还游说一些公司和企业，由此得到了一些捐赠的书籍。其余的学校董事会成员也同样加入了捐赠的行列。就这样，玛娜娜使出浑身解数，迅速让空空荡荡的图书馆充实了起来。而从不同渠道搜集或购买的数量众多的音频、视频资料与电子书籍，也大大丰富了图书馆的内容。与此同时，玛娜娜在学校每年的预算中也设置了专项资金用来购买书籍，这个数字从2005年的7051拉里骤增至2007年的45911拉里。现在格鲁吉亚大学图书馆每年都会根据规划与设计，参考学校专业课程的需要，定时购入相关书籍与资料。

3万多册的图书总量在不断增长，最新的学术期刊也会定时出现在书架上。馆内配备的24小时无线网络更为师生提供了便捷，除了数据存储与检索服务，师生还可以在图书馆网页上浏览所有书籍的内容与介绍，并通过网络告知工作人员所需内容，请工作人员帮忙复印成册或直接索取电子版，省去了到图书馆中浏览查阅的过程，大大节约了时间成本。

在学校建设发展的每一步，玛娜娜都将扩大与提升图书馆的容量与质量当作重中之重。她梦想着在未来的某一天，格鲁吉亚大学图书馆能够成为全国最大的高校图书馆，既能为师生的学习研究提供足够的便利，更能成为文化与思想的集散地，为人类的文明进步培育一片肥沃的土壤。

体育馆的建设则更多地源自玛娜娜本人对体育的重视。在格鲁吉亚，人们普遍喜欢体育运动，但是在高校中却不会专门设置体育课，体育设施是让学生在课外时间自由使用的。玛娜娜在学校中设置了体育部，并破例开设了体育课。她希望更好地开展各种体育活动，除了锻炼身体，更要锻炼学生的意志力与合作精神。足球、篮球、排球、乒乓球、羽毛球、国际象棋、体操、英式橄榄球……丰富多彩的体育活动让学生们的日常生活更加充实快乐，也给学校带来了很多荣誉：第比利斯市政厅杯男子排队比赛冠军、国际大学沙滩女排联赛季军、格鲁吉亚迷你足球冠军……而在假期中，如果体育馆闲置会对外出租，这些额外收入全部用于体育设施的改善与对运动员的奖励。

社团活动室则没有进行任何的装修与改建，留给了学生自己。格鲁吉亚大学有60个学生自发组织的社团，体育、艺术、信息技术……内容无所不包。对于学生社团活动，只要不违法违纪，学校不直接介入，每年会提供4万拉里的活动经费，这在格鲁吉亚所有大学中是最高的。学校为学生们在老教学楼留出了几个教室作为活动基地，学生们可以根据自己的喜好对活动基地进行各种装修，学校全不干涉。

设在教学楼里的“卡哈迪利”咖啡厅环境幽雅安静，是学生们聚会的首选。现代时尚的装修风格、优美舒缓的轻音乐，一份格鲁吉亚传统美食哈恰布里或西式甜点，相约三五好友共同讨论学业或是探讨未来的职业理想与发展方向，哪怕仅仅是闲聊，都会感到无比的舒适惬意。

截至目前，格鲁吉亚大学占地面积已达23400平方米（包括巴图米分校），全部用于教学。多媒体教室、实验室、电视媒体中心、展览馆、体育馆、餐厅、出版社……所有的设施都以学生与教师的需求为中心。比如学校内24小时的无线网络与视频监控，前者让师生更加方便地学习或娱乐，后者则为师生的安全提供了保障。

格鲁吉亚大学的基础设施在各方面都走在了全国所有大学的最前列。舒适的生活环境与先进的教学环境无疑也是吸引学生前来学习与教师前来工作的重要因素之一。

四、“栽下梧桐树”

当茱莉雅与玛娜娜在创办之初，把学校改名为格鲁吉亚大学的时候，就清楚地昭示了她们的雄心壮志：一定要将学校办成学科广泛的综合性大学。仅仅10年的时间，她们就将这个梦想变成了现实。格鲁吉亚大学从最初只有美国研究中心和欧洲研究中心两个硕士层次的教学点变成了拥有商业经济与管理学院、社会科学学院、公共卫生学院、法学院、人文学院、信息技术与数学学院、自然科学学院7个学院，涵盖数十个专业的综合性大学，形成了学士、硕士、博士完整的人才培养体系，是格鲁吉亚规模最大的私立大学。

格鲁吉亚大学在学生管理上采取的是欧洲学分系统（ECTS）。本科生累计240个学分就可以拿到学士学位，其中公共课120个学分，专业课102-114个学分（不同专业学分要求不同），其余的学分则属于实习与毕业论文。硕士研究生要求120个学分，其中公共课30个学分、专业课60个学分，其余的学分属于学术研究成果与毕业论文。与本科生相比，硕士研究生在课程设置上更注重学科的专业性。博士研究生要求180个学分，其中学术讲座与研讨会占30个学分，学术成果占36个学分，另外教学实习每年占6个学分，参加学术会议每年占4个学分，参与出版项目每年占4个学分。从这些学分的分布可以看出，在博士阶段，更加侧重于培养学生的独立学术研究能力。从学士、硕士到博士，每一个培养阶段都有明确的目标和侧重，三个层次人才的区别度十分明显。

除了全日制人才培养，格鲁吉亚大学还设立了职业教育，为社会上不同领域的在职人员提供学习机会。根据不同专业的要求，在职人员要求完成120-150个学分才能取得结业证书，与全日制教育相比，职业教育的面授时间较短也较为灵活，但是对学生实习、毕业论文与考试的要求比较高。

与办学规模不断扩大同步的，是学校教学质量的不断提升。每一个学院都有着清晰的定位与发展目标，对学生的培养也分为不同的层次，教学的模式与方法都结合了西方先进的教育经验与格鲁吉亚自身的国情需要。格鲁吉亚大学的教育既注重学生的理论素养，着力培养他们的开阔视野与创新思维；也充分认识到学生获得与发展实践应用技能的重要性，针对格鲁吉亚国内的需求为学生制定不同领域与职业的学习内容与方式。理论与实践的融会贯通，使格鲁吉亚大学在众多高校中别具一格。

学术理论研究是大学的立身之本。只有打下坚实的理论基础，并拥有独具特色的研究领域、方法与成果，才能无愧于高等教育学府的身份。玛娜娜自己就是一位在历史领域造诣颇深的学者，对于这一点自然有着更为深刻的体会。因此在学校不同学科的设置、课程安排，以及教学人员的选择上，都明显体现出理论基础的重要性。为了让师生们拓宽理论视野，拥有更高的理论研究平台，玛娜娜搜集各种学术信息，并通过召开介绍会、发布校园网新闻等方式加以宣传。比如在2014年初，格鲁吉亚的欧亚与东欧研究会刚刚宣布将会竞争美国卡耐基研究奖学金计划，玛娜娜就在学校里召开了卡耐基研究奖学金计划的介绍会，鼓励对学术研究感兴趣的师生踊跃参加，并给予相应的支持。当有来自世界各地名牌大学的招收优秀交换生、硕士、博士、博士后或者交换学者的信息时，这些信息总会第一时间出现在格鲁吉亚大学官方网站首页最显眼的位置上。玛娜娜从不担心人才的流失，她的观念是，只有培养出最茂盛的梧桐，才能吸引来最美丽的凤凰。

学校出版社的成立在很大程度上也是源于对理论研究的重视。格鲁吉亚大学出版社是在2004年建校之初就成立的，以出版各专业的教材与学术专著为主，涵盖了人文科学、社会科学、金融经济、自然科学等诸多领域。与此同时，出版社每个季度都会出版一本以人文、社科研究为主的英文论文集，不仅面向本校师生，同时也征集校外的人文社科研究成果。而对于本校师生进行学术研究，玛娜娜则采取多种措施给予鼓励，比如学校会负责出版专著或发表学术论文等方面的所有资金需求等。

理论研究固然是根基，但是真正走上学术道路的毕竟还是少数，大多数学生在毕业后还是会选择进入社会，走上与自己的专业领域相关的不同工作岗位。如果只会脱离实际空谈理论，无疑会影响学生的就业，即使顺利找到工作，往往也会因为实践经验不足而导致不得不经历长时间的痛苦磨合期。为了避免这种现象，就必须让学生在学校学习期间就掌握一些必需的实践技能，这样他们在参加工作之后才能尽快进入状态。

格鲁吉亚大学十分重视实践技能。在每一个学院每一个学科的课程设置中，实践技能的学习都与理论的学习紧密联系。

社会科学学院就是学生进行理论与实践结合学习的典范。社会科学学院是格鲁吉亚大学的根基，格鲁吉亚大学创建是从美国研究与欧洲研究两个硕士研究点起步的。大学正式成立后，这两个硕士点不断扩展，发展成为目前包含政治学与国际关系、新闻与大众传播、心理学三个学科的社会科学学院，致力于培养公共关系、广告、国际关系、新闻、政治、心理学等领域的人才。

在一些国家和地区，社会科学领域的研究者有时会闭门造车，出现与社会脱节的状况，而格鲁吉亚大学社会科学学院的师生却与之相反，他们热衷于参加本国乃至国际上的各种活动，将所学理论运用到实践中去：参加联合国儿童基金会“儿童权利和新闻实践”项目；申请由美国国际开发总署支持的“摩尔多瓦与吉卜赛在格鲁吉亚的民族融合问题”项目；与维谢格拉德基金合作，每年邀请国外著名专家与学校师生交流……

对于新闻与大众传播专业的学生而言，实践活动更加丰富多彩。学校设立了媒体中心，其中的电视演播室、制作室等配备了先进设施供学生使用。学校还与当地“一天”电视媒体工作室合作制作电视节目，在各地方电视频道中播放。同时，学校还定期出版月刊《观察者》，从筹备策划、采访写作到设计出版，全部由学生完成。在这些实践过程中，学生们锻炼了扎实的专业技能，全面提高了职业素质。除此之外，学校还与格鲁吉亚公共广播电台、《24小时》报社、新闻通讯社、“鲁斯塔维II”电视频道等媒体有密切的合作关系，不定期为学生开办研讨会、专业培训班、大师授课班等，并为他们提供实习与就业机会。

新闻与大众传播专业的学生娜迪亚·玛彻瑞什维利对母校充满感情，她认为在格鲁吉亚大学学习期间，学习了大量的知识和技能，为未来的职业生涯打下了坚实的基础。同专业的科泰文·博伊科更是欣喜自己得到了“最高质量的教育”，他觉得在格鲁吉亚大学学习期间是自己生命中最丰富多彩的阶段，每个人都可以根据自己的需要得到最适合的教育，并寻找到最适合自己的职业发展目标。

公共卫生学院的成立与格鲁吉亚的特殊国情密不可分。在20

世纪90年代东欧剧变期间，格鲁吉亚的医疗系统全面崩溃，1995年国家颁布医疗改革方案，开始建立具有格鲁吉亚特色的新型医疗保健系统。但是至今格鲁吉亚国内的现代医疗人才仍然相对缺乏，而现代医疗教育也是教育系统的弱项之一。格鲁吉亚大学顺势而为，邀请了美国斯克兰顿大学、中央佛罗里达大学、宾夕法尼亚大学等知名大学的专家教授来帮助建立起先进的医疗教育体系。现在已经形成了本科、硕士、博士完整的教育体系，着力于公共医疗与

学生在媒体中心录制电视节目（图片来自格鲁吉亚大学官网）

健康管理两个方面的人才培养。学校还设有短期培训课程，如卫生行政管理与保险服务、医疗保险系统管理与医疗保健等，还开设了中医按摩与针灸培训班。但不论是在全日制的学习还是短期培训班的教学过程中，医学实践活动都贯穿始终。医学实践课上，学生们会利用各种模拟器官进行操作，而解剖实验室里更是设施完备，满足了教学的多种需求。

先进的教学理念与全面的学习内容吸引了许多学生，其中有一些是已经工作多年，在某个领域卓有成就的医疗界精英人才，拉提雅·兰迪亚就是其中的代表。拉提雅是有着15年工作经验的重症监护医师，同时也是第比利斯医科大学的助理研究员，在全面了解了格鲁吉亚大学的教学内容与方式之后，进入医学院学习，成为公共卫生管理专业的一名研究生。

成立于2005年的法学院仅仅用了两年时间就完成了本科、硕士、博士培养体系的建设，并开设了高等职业教育。为了让学生不仅在国内拥有竞争力，还要具备在国外同领域工作的能力，学校安排了关于格鲁吉亚本国法律课程的同时，还邀请了许多欧美知名大学的教授讲授国外先进的法律研究成果，并帮助学生参加国际大学生交流项目。模拟法庭的设立更是给学生们提供了一个很好的途径，让他们可以将课本中的枯燥理论转变成实践中可操作的能力。

商业、经济与管理学院为学生提供了丰富的学习资源，清晰地列出了不同人才培养层次：有的着眼于全国乃至全球经济发展的历史、现状，有针对性地研究当前普遍存在的经济问题，培养他们开阔的视野，以期未来能够在国家政治经济领域有所建树；有的则注重培养学生的创业能力，让他们在基础理论的学习过程中熟悉现代企业，了解当下经济现状与市场发展趋势，并通过具体案例的学习，提高管理能力，以期造就未来不同经济领域的企业管理人员。

人文学院致力于培养学生的现代人文精神，了解本民族与其他民族的文明。人文学院包含历史、艺术、英语、德语、意大利语等本科专业，格鲁吉亚文化和社会人类学、历史学等硕士专业，同时也有博士阶段的教育。人文学院鼓励学生参加各种学术研讨会与野外考察，还与德国的明斯特大学、美国的斯克兰顿大学建立了学生交流项目，学生可以申请到这两所大学学习。

而在信息技术与数学学院，技能与知识的融会贯通更加凸显。学院一方面强调培养学生现代数学的逻辑思维方式，一方面要求他们具备解决实际问题的能力。除了在学校的计算机中心进行实际操作训练，学院经常举办各种相关讲座与研讨会："选举系统和数值分析阿罗定理讲座"、"土地和其他房地产信息系统研讨会"……

在玛娜娜开放办学的理念下，格鲁吉亚大学成为全国乃至高加索地区规模最大的私立大学，宛如一棵生命力旺盛的大树，不断开枝散叶。

五、"引得凤凰来"

"所谓大学者，非谓有大楼之谓也，有大师之谓也。"这是著名教育家、清华大学老校长梅贻琦先生在1931年12月2日就职演讲中提出的。近百年来，这句话一直被中国高等教育界奉为圭臬。万里之外的玛娜娜或许未必听过这句话，但这个道理她却深知，且无时无刻不在付诸行动，极力吸引各个领域的精英人才加入格鲁吉亚，让他们在这里落地生根。

由于玛娜娜身处学术界与教育界，因而有机会认识不同领域的专家学者与精英人才。只要她认识的，甚至是听说的，她都会跑去游说，积极邀请对方加入格鲁吉亚大学。格鲁吉亚大学的很多老师都是玛娜娜的朋友，以及朋友的朋友。比如特姆若兹·戈维姆瑞泽、蒂娜·古都沙乌瑞都是玛娜娜原来在第比利斯国立大学的同事，而体育部的创办人格维·纳帕瑞泽则是她从格鲁吉亚科技大学挖过来的。

寇耐利是玛娜娜副博士论文答辩委员会的成员之一，是格鲁吉亚历史学界重要的专家学者。他曾在祖格迪迪博物馆工作，之后去了第比利斯国立大学历史研究所做研究工作。玛娜娜副博士毕业时两人已经熟悉，又因为两人关注的是同一个研究领域，因此常常在一起交流探讨，成为私交极好的朋友。2008年在一次聊天中，玛娜娜提出希望他加入格鲁吉亚大学，但是寇耐利在第比利斯国立大学发展很好，并不想离开。玛娜娜立刻提出，兼职也可以，并亲自帮忙安排上课时间，让他能够兼顾两边的工作。在玛娜娜看来，外在形式并不重要，重要的是能够吸纳所有的人才促进大学的发展。

“举贤不避亲。”玛娜娜的儿女们都很优秀，三个孩子完成学业后在玛娜娜的建议下也全部加入了格鲁吉亚大学。大儿子高戈本科数学专业，研究生是商业管理专业。从格鲁吉亚大学创办之初，他就一直参与其中，包括校徽的设计和制作。除了担任教师之外，高戈还负责学校的部分管理工作。玛娜娜对他寄予厚望，希望他能够成为出色的教育管理者，将来接手她的工作，并将格鲁吉亚大学推向更高的发展平台。优秀的高戈显然没有让她失望，年仅30岁的他以年轻人的工作方式与效率，赢得了从上到下的一致好评。对于老师和学生们来讲，高戈更像是他们的朋友、哥们，而不仅仅是管理者。

二女儿卡特琳娜大学毕业后，先在银行工作了两年多，2007年辞职进入格鲁吉亚大学，从最底层的工作人员做起直至担任学校财务部部长。玛娜娜是一个充满激情与感性的人，经常会有各种各样的想法，有时候想再买个教学楼，有时候想再升级所有的教学设备，有时候又想给所有的老师涨工资……卡特琳娜冷静地对抗着玛娜娜不切实际的幻想，一次又一次地与之争辩：我们的预算中没

大儿子高戈在毕业典礼上为优秀毕业生颁奖

有这一项；我们必须留出足够的资金还贷款；教学楼足够用了，现在根本没必要买；学校的教学设备目前仍然是全国大学中最先进的；老师的工资两个月前刚刚涨过了……现在办学规模扩大了，更要对财务进行专业管理，不能想一出是一出！

玛娜娜思维活跃，时不时会冒出新想法，因此卡特琳娜与玛娜娜的争吵就成了校长办公室的常态，工作人员也都习以为常。两人有时甚至吵得不可开交，以至于卡特琳娜气呼呼地拍桌子走人，玛娜娜则会在后面生气地大叫：请称呼我校长或女士，不要喊我妈妈！但每每过后想起来，她却不得不承认，卡特琳娜的方式无疑更加科学合理，符合学校长远发展的需要。

为了留住费尽心思招揽的不同领域的专家学者和精英人才，玛娜娜给所有的教师与工作人员提供了远远高于公立大学的待遇。在薪酬方面，除了高工资，还有各种各样的奖金；在自我提升方面，学校提供各种出国参观考察、学习培训、参加国际学术会议的机会，鼓励教师发表文章、出版专著，而这些费用全部由学校承担；在家庭或生活方面，如果遇到了任何困难，可以申请学校里的专项助学基金。而玛娜娜自己更是毫不吝啬地奉献出自己所有的力量，有钱出钱，有力出力。而更为重要的是，玛娜娜给予了他们完全的信任，让每一个人都有了充分发挥才能的平台和空间。

卡克哈伯·塔维兹拉什维利是2011年来到格鲁吉亚大学的。他从第比利斯国立大学博士毕业后，就去瑞士科技大学做了两年访问学者。2008年回国后，他在第比利斯国立大学担任自然科学学院的副院长。尽管学校对他很重视，但是他却一直有学无所用的遗憾：他的专业自然物理在格鲁吉亚不受重视，即使是全国最好的高校也没有最基本的实验室。于是2011年当格鲁吉亚大学招聘时，他便抱着碰碰运气的心态来应聘。对于这个新成立的私立大学，他听说过，却并未抱有太大的信心。

令他没想到的是，与玛娜娜的这次见面成了他职业生涯的转折点。本来只是一场简单的面试，最后却成了相见恨晚的深谈。从格鲁吉亚高等教育的发展到私立大学的运作模式，从自然物理专业存在的必要性到数学专业发展的方向……从宏观到微观、从远景到现状，两人在很多方面的观念和认识都不谋而合。加之实地考察之后，发现教学环境和设施都很先进，学校的发展前景很好，他便下定决心辞去了第比利斯国立大学副院长的职位，到格鲁吉亚大学做起了一名普通老师。

虽然身份只是普通老师，玛娜娜却让他承担起很多重要工作。首先，卡克哈伯与玛娜娜多次探讨之后决定建立物理实验室。尽管学校资金紧张，但玛娜娜还是痛快地批了5万美元的启动资金，并亲自寻找合适的场所。实验室需要有合适的水电设施与光线条件，要求条件比较苛刻。反复对比权衡之后，物理实验室最终定在老教学楼的两间教室中。之后玛娜娜便将决定权移交到卡克哈伯手中，由他自行决定怎样对教室进行改建装修，并购买各种所需的实验设备。工程完工之后，玛娜娜去视察，只提了一个意见：桌椅全部是灰色的，是否过于暗淡了？桌面保持灰色，把桌腿漆成红色吧。灰色加红色正好是校徽的颜色。卡克哈伯欣然接受。

玛娜娜还与卡克哈伯商定要将国外著名大学的经典教材翻译出版，以开拓学生们的学术视野，并提升他们的专业水平。2012年5月，这项包含了数学、商业、物理、自然、计算机等不同科目的翻译

格鲁吉亚大学的物理实验室

项目正式启动。玛娜娜从学校里精心选择了六位专业造诣很深的教授参与。为了保证翻译质量、提高教授们的积极性，玛娜娜特别减少了他们的课时，并提供额外的奖金。当他们在学校加班加点翻译写作时，玛娜娜甚至会亲自做好比萨送到办公室。

2013年卡克哈伯成为信息技术与数学学院的院长。他非常喜欢并享受与玛娜娜一起工作的过程，“玛娜娜是一个非常好的管理者，积极主动，目标明确，高瞻远瞩，而且非常善于沟通和交流，和她一起工作是一件很简单很纯粹也很开心的事情。”

现在是格鲁吉亚大学计算机中心负责人的祖拉布·特斯克瑞亚原是政府教育部的公务员，2006年辞职来到这里。在教育部工作期间，他多次到国外考察，看到澳大利亚、新西兰、新加坡等国家的著名大学都采用互联网对学校的所有工作进行高效便捷的管理。进入格鲁吉亚大学后，他对玛娜娜提出，应该借鉴这些先进的管理方式，开发学校自己的管理软件。玛娜娜的思想向来开放，乐于接受新鲜事物，马上就将这项工作全权交给祖拉布负责。

学校很快批下专项资金，购买了最新配置的电脑设备，而祖拉布则带领同事与学生全身心投入到这项工作中去。在这个过程中，所有的问题，不论是资金方面，还是策划设计方面，玛娜娜都给予了最大程度上的支持和帮助。这个管理系统完成之后，格鲁吉亚大学成为全国唯一全部通过网络进行管理的大学。学生通过网络选课、交作业、考试、与老师沟通，甚至是远程学习，老师通过网络对学生进行全面的管理。此时，尽管其他高等院校也有使用网络管理的，但其先进全面的程度还无法与格鲁吉亚大学相提并论。

除了提供先进的网络管理系统，计算机中心还负责学校的相关信息技能培训，为学生开设不同的编程语言课程，让他们在实践操作中掌握当前先进的信息技术。

计算机中心另外一个重要的工作是全面负责格鲁吉亚大学官方网站的策划、设计与正常运行。格鲁吉亚大学官网的内容相当丰富多彩，同时使用格鲁吉亚语和英语两种语言，对学校所有的部门、学科进行介绍说明，并配有大量的图片、视频与即时互动内容。官网不仅方便了师生，更为格鲁吉亚大学的对外宣传起到了重要作用。

格鲁吉亚大学就像一个大家庭，作为家长的玛娜娜以开放的心灵与真诚的态度，将所有的成员凝聚成了不可分割的整体。他们在同甘共苦的过程中愈加亲密。

2008年8月8日，北京奥运会美轮美奂的开幕式吸引了全世界的目光，当璀璨的烟火盛放在“鸟巢”上空的时候，现场的人们与观看电视直播的人们都沉浸在惊艳之中。然而此时此刻，万里之外的格鲁吉亚同样是火光冲天，但这里的人民面对的却是残酷的连天炮火。由于此前自治州南奥塞梯地区单方面宣布独立，格鲁吉亚政府于2008年8月8日凌晨出兵镇压，并迅速控制了三分之二以上的南奥塞梯地区，包围其首府茨欣瓦利。但是在格鲁吉亚的“达纳”火炮和“喀秋莎”火箭炮进入南奥塞梯的同时，南奥塞梯的支持者俄罗斯的战机也腾空而起，装甲车、坦克、火炮源源不断地开进格鲁吉亚，展开了全面的军事行动。格鲁吉亚与俄罗斯之间爆发了大规模的武装冲突。

第二天俄罗斯军队就占领了茨欣瓦利，并在随后几天占领了南奥塞梯以外的格鲁吉亚领土与军事要塞。南奥塞梯失守后，格鲁吉亚部队从公路撤往第比利斯。玛娜娜的二女婿、卡特琳娜正在服兵役的丈夫哲奥瑞·麦哲艾维利就在其中。而此时首都第比利斯也成了主战场，如织的炮火连续轰炸着市中心与郊区，不断有平民在战火中伤亡。玛娜娜没有像绝大多数市民一样躲在家里，而是全家人一起驱车在炮火中赶往前线，以确定第比利斯通往南奥塞梯的公路是否通畅，他们的亲人能否回家。玛娜娜一面哭泣一面驱车前行。她为了亲人的安危哭泣，为了苦难的祖国哭泣，但是她没有任何恐惧退缩之意，确定道路仍然可以通行之后，她立刻返回第比利斯，在隆隆炮火中与家人一起去了格鲁吉亚大学。

此时，学校里所有的老师与学生都躲在教学楼里，惊恐万分地听着外面不时传来的枪炮声。直至13日格鲁吉亚与俄罗斯就停火原则达成一致，战争才基本结束。在这段时间里，玛娜娜与她的家人始终待在学校里，一刻也没有离去。

所有的师生都记住了她的话：“我们是一家人，要死就死在一起！”

六、打造培养链

玛娜娜有一个宏大的梦想，那就是，提升格鲁吉亚的教育水平，培育各个领域的精英人才，让深爱的祖国独立富强。

为了实现这个梦想，玛娜娜以格鲁吉亚大学作为试验田进行尝试。不论是对西方教育模式的借鉴，还是对本国人才培养模式的研究，玛娜娜都始终围绕着这个核心。在一些高校里，学生们就是为了学习不同领域与专业的知识，为将来的职业发展做好准备。而在格鲁吉亚大学，知识的学习是一个重要的方面，对于思维方式、工作能力乃至生活能力的培养也十分重要。

学生自治俱乐部是格鲁吉亚大学的一大特色。学校鼓励学生实行自治，使学生真正成为学校教学的中心与活动的组织者、参与者，以培养他们自由、自觉的精神，保证学校的各种资源能够根据每一个学生不同的实际需要得到有效利用。学生自治俱乐部保证学生有通畅的渠道可以随时反映自己的需求，使学校的管理方式、教学内容等得到即时的改进。另外，学生自治俱乐部在促进学生形成积极健康的生活方式等方面，起到了不可忽视的作用，还与校内其他社团联合，共同组织丰富多彩的学习或娱乐活动。

学校设立了助学基金，为每一个学生或社团的想法提供资助。只要你有想法，就可以申请助学基金，只要通过评估即可正式立项，校方则会提供各方面的协助：邀请相关领域专家与项目组做详细沟通，给予专业指导与培训；为项目组提供所有的资金、设施、场地等；在项目实施的过程中进行监测与评估；项目完成后检测结果，并给予评价。如果项目优秀，学校会推荐参加更高层次的评奖，为学生今后的就业或深造提供多种方便。

除了通过各种奖励措施鼓励学生在校内踊跃参加实践活动，学校同样欢迎学生走出校门进行学习和锻炼。校外学习、培训、实习、工作等相关信息，总会第一时间出现在校园网首页的显著位置。2014年学校就对于下半年欧洲安全与合作组织将在格鲁吉亚举行的一系列活动，包括参观考察、论坛对话等进行了力度较大的宣传，鼓励对政治感兴趣的学生报名参加。

相对于一些老牌学校，格鲁吉亚大学创建时间较短，毕业生的数量有限，但是学校却非常重视与毕业生的联系，从建校之初就成立的校友会将所有的毕业生紧密团结在一起。除了例行的每年隆重的毕业典礼，还会定期举办校友聚会，寻找各种渠道和方式加强学校与毕业生之间的合作，既增进了感情，又能够有效利用社会资

格鲁吉亚大学毕业典礼（图片来自格鲁吉亚大学官网）

源。通过与校友之间的联系与合作，学校扩大了社会地位和影响，许多在校大学生也因此受益匪浅，比如得到各种学习与就业机会等。

创办最好的私立大学是玛娜娜通向梦想的一条途径。格鲁吉亚大学不断发展壮大的脚步让她看到了希望，但是这与她的梦想之间还有很大的距离。

2002年玛娜娜去美国考察时，就曾在蒙大拿省看到过从小进行培养的系统教育，这使她受到很大启发。如果学生们的基础素质能够大幅提高，那么在高等教育阶段就可以迈上更高的层次，大大提高人才的培养效率，让学生们在更短的时间内成长更快，尽早踏入社会，成为有用之才。

格鲁吉亚大学官方网站写给毕业生的话（图片来自格鲁吉亚大学官网）

有了这样的想法，玛娜娜开始考虑创办一条完整的人才培养链。如果让孩子们从小就在自己的幼儿园中成长，之后在自己的小学、中学、大学中继续接受教育，全部过程都采用先进的教育方式，是否就可以培养出更加理想化的精英人才？

2008年，当格鲁吉亚大学全部搬往新的教学楼，老教学楼空置出来之后，玛娜娜朝着这个宏伟的梦想迈出了第一步。老教学楼的一半改建成了图书馆和体育馆，另一半就创办了高中部。之所以选择从高中起步，主要目的是为了能够直接为格鲁吉亚大学输送高素质的高中生。

那时第比利斯有400多所高中，公立与私立大约各占一半。第比利斯城市面积不算大，虽然是人口聚居区，但400多所高中足以满足需求。要想在这种饱和的状态下，成功招收到学生实在不是件容易的事情。

玛娜娜找到了蒂娜妮·瓦萨泽。她曾担任另外一所高中的校长，当时已经辞职正处于休假期间。在业内颇有名气的蒂娜妮在辞职之后，已收到了好几所高中的邀请。玛娜娜以比其他学校高出许多的薪酬将她挖到了刚刚成立的高中部，让其全权负责高中部的所有事宜。

第一年招生只有50名学生，而且绝大多数是本校教职工的子女。在学费上，玛娜娜给予了较大的优惠。但是学校的优势很快凸显了出来。首先，师资力量是全国最强的，不仅所有的教师都是高薪聘请的有经验的优秀教师，并且重要科目的老师都有博士学位。拥有这样的师资力量，学校的整体教学水平自然也水涨船高。其次，学校的设施配备先进全面，图书馆、计算机中心、艺术室、化学实验室、物理实验室、生物实验室应有尽有。最后，学校特别重视培养学生的创造性，设置了专项奖学金，优秀的学生能够得到免费学习的机会。

2012年，也就是创办之后的第四年，高中部已经有了300多名学生、30多位教师，不仅规模得到了扩展，而且教学成绩也有了初步的体现：这一年的高考成绩在第比利斯400多所高中里排名第8位，全国3000多所高中里排名第40位。每个科目的成绩都比全国平均成绩高出很多，尤其是英语和格鲁吉亚语表现更是突出，前者比平均成绩高出93%，后者高出82%。这个数字说明玛娜娜的梦想正在向前推进：英语让孩子们更容易接触与接受西方先进的文明，格鲁吉亚语则让孩子们更加深爱自己的祖国。

高中部的成功让玛娜娜对自己的梦想更加执着，她开始到处找合适的房子，想要开办一所小学。2010年她找到一栋待租的二层小楼，“口”字形的结构，中间围起了一个封闭的露天空地。地理位置、价格都很合适，只是一楼的内部建筑结构不适合做小学教室，却非常适合做幼儿园。于是，玛娜娜便决定同时在这里创办幼儿园与小学。不久之后，玛娜娜将这栋楼贷款买下。

创办幼儿园最难的是找到合适的老师。在传统的格鲁吉亚幼儿教育观念中，幼儿园只要将孩子照顾好，保证孩子的安全和健康就可以了。但是玛娜娜却希望采取更为先进的教育方式，开发孩子们的智力、天赋和潜力。

玛娜娜想到了自己的小女儿蒂阿娜和儿媳妇艾拉。蒂阿娜本科在第比利斯国立大学法律专业毕业后，又在格鲁吉亚大学完成了刑事法专业的研究生学习。她的学习经历与幼教无关，但是她一向特别喜欢孩子。她一毕业就在玛娜娜的建议下去了幼儿园工作，不仅自学了幼教专业的课程，还参加了联合国儿童基金会在格鲁吉亚举办的小学教师培训计划。

蒂阿娜很热爱这份与孩子们在一起的工作，她自掏腰包为幼儿园添置各种家具、玩具、书籍，自己的工资几乎全部用在了幼儿园的建设上。她有收集水晶球的爱好，不论到哪里出差或旅行，都会购买具有当地特色的水晶球。即使是玛娜娜出差，她也会要求给自己买水晶球作为礼物。她的房间中曾摆放了近百个各种各样的水晶球，但是现在，这些美丽的水晶球大多成了幼儿园的装饰品。“幼儿园不仅是我的工作单位，也是我的另一个家。”

更重要的是，蒂阿娜与玛娜娜在教育观念上完全一致，她们都希望尝试更为先进的教育方式，于是幼儿园的课程设置中，有增强逻辑能力的，有提高动手能力的，有培养艺术素养的，有增加百科知识的……幼儿园不再是照顾孩子的地方，而是让孩子们在快乐的玩耍中不知不觉地开发着智力、提高着情商。

幼儿园先进的教育理念和方式吸引了众多家长。创办之初只有本校教职工的子女，而现在却由于报名的人数太多，不得不限制招生。甚至曾经发生过有家长报名幼儿园拒收，家长竟然把孩子放在幼儿园一走了之的事情。

学生人数增多了，不得不增加教师。蒂阿娜为了寻找优秀的专业老师可谓想尽办法。她去了很多幼儿园旁听公开课，反复对比斟酌之后，就邀请其中的优秀者前来试讲，然后聘请合适的老师。自然，这些老师的薪水也是同行业中最高的。

蒂阿娜从未觉得以研究生的学历教幼儿园有什么委屈。她说，或许以后会回归到自己的法律老本行中，但现在，享受就够了。

艾拉也同样享受着这个过程。美丽的艾拉充满了活力，负责教授幼儿园和小学的英语和俄语课程。但她从不采取传统的教课方式，而是带着孩子们做游戏，让孩子们在笑声中不知不觉地将知识留在脑海里。艾拉是最受孩子们欢迎的美丽天使。

高中部与幼儿园、小学的开办与成功，给了玛娜娜更多的信心与勇气。她宏伟的人才培养蓝图一步步顺利展开，并逐渐扩大到更多的领域和城市。

七、再创新辉煌

2011年巴图米分校的成立，使格鲁吉亚大学再次迈上新台阶。

巴图米，旧译巴统，是格鲁吉亚西南部阿扎尔自治共和国的首府，位于黑海之滨，是重要的外高加索东南岸港口，也是著名的旅游城市。2008年政府希望将巴图米打造成国际性旅游城市，于是大力倡导发展巴图米的经济、文化与旅游。其中一个重要内容便是号召全国的大学在巴图米设立分校，以提高城市的文化品位。当时，巴图米只有一所规模较小的地方性大学。

格鲁吉亚大学作为私立大学，一方面希望积极配合政府的政策，以获得政府的更多支持，另一方面也从中看到了发展机会。于是政府的倡导一发出，玛娜娜就在最快时间内赶到巴图米考察，选择校址与合适的教学楼。但是开设分校，不仅需要在陌生的环境中招聘老师和招收学生，更是需要投入巨额的资金。而当时的格鲁吉亚大学并没有足够的资金去成立分校。之前为了购买教学楼等，已经从国内的银行申请了多笔贷款，而且成立分校所需的金额实在过于巨大，从国内贷款难度非常大。

格鲁吉亚的兼职教师卡若拉·戈哲那瓦，同时也是一个公司的老板，很有生意头脑，知道了玛娜娜想开设分校却无经济能力的情况，就产生了从美国风险投资银行贷款的想法，并与玛娜娜和高戈进行了详细的沟通。玛娜娜第一次听到这个想法，感觉太不切实际，还从来没听说过哪一个格鲁吉亚的学校从美国银行贷款的。但思想更加开放和前卫的高戈却立刻接受了这个看似不可能的意见，在与金融专业的妹妹卡特琳娜仔细商讨之后，都认为值得一试。

在整个过程中，玛娜娜自始至终都感觉像做梦一般。她的管理和经营能力确实得到了同事与朋友们的肯定，但是实施这样大手笔的国际性贷款行为对她而言的确是头一次，总感觉有点高不可攀。但即使认为可能性不大，她还是为之付出了一切努力。只要认真去做，总是有一线希望，如果放弃了，便是毫无机会。况且即使不成功，也是一次很好的学习机会。抱着这样的心态，她把所有的细节工作都交给了高戈和卡特琳娜，这时两人都只有20多岁。

高戈与卡特琳娜首先分析了美国风险投资银行申请贷款的所有要求和条件，其中最重要的就是需要完善的商业计划与投资回报预测。两人按照银行列出的详细条款，按部就班地去做商业计划书。为了让商业计划书更加专业和完善，卡特琳娜甚至找到了一家中介公司帮忙。这份商业计划书周密详尽，不仅描述了格鲁吉亚大学创办的初衷、设想、宗旨以及发展的每一步过程，也描述了分校的发展规划，甚至注明了教学楼的装修公司。高戈和卡特琳娜整整准备了两年时间，才最终完成了这份商业计划书。

商业计划书提交给银行之后，就进入了更加复杂的审查阶段。美国风投银行派出了多位专家前来实地考察，对学校进行评估。他们详细了解了2004年学校成立以来的所有发展状况，包括学生数量、师资水平、经营状况等，并对教学楼、图书馆、体育馆、电脑设施、校园网站等硬件和软件进行了考察。随后包括高戈、卡特琳娜在内的三位格鲁吉亚大学谈判代表，与美国银行的谈判人员展开了拉锯战式的谈判。“我们在谈判中从未落下风，当然这与我们前期做的精心准备分不开”，事后卡特琳娜回忆起这次谈判，总是掩饰不住专属于年轻人的得意神气。年轻的她外表看起来文静柔弱，但内心却像她的妈妈一样坚韧不拔。不同的是玛娜娜更偏向于感性，经常率性而为，而她则有着父亲米拉夫更加客观和理性的特点。

2010年，申请贷款事宜在有条不紊地进行着，而性急的玛娜娜已在巴图米市中心的位置租好了一栋教学楼，正式开始招生。考虑到巴图米是著名的旅游城市，分校开设了旅游、商业管理和英语三个本科专业。第一年就有150名新生入学，这个结果比玛娜娜预想的好很多。当美国银行来考察分校时，也很满意，只是提出以后装修改建分校时的建筑公司必须更换为资质更高的公司。既然要申请难度很大、数额巨大的国际贷款，自然方方面面都要按照最高的国际标准来要求。玛娜娜曾经抱着学习的心态启动了这个申请项目，无疑这个目的是达到了。学校从上到下，尤其是真正负责的高戈、卡特琳娜，包括玛娜娜等管理人员更是亲身体验了高标准、严要求，而这些也为以后的发展提供了更高的平台。

2011年7月，美国银行正式通过了格鲁吉亚大学的贷款申请，一次性提供800万美元的巨额款项，可分为10年还清。不论是格鲁吉亚大学的师生，还是美国银行的代表，都从这次合作中看到了更加美好的未来。

这笔巨额款项无疑为今后的发展提供了雄厚的资金支持，使学校继创办、购买教学主楼之后，迈上了第三个台阶。玛娜娜与董事会的成员对未来做了更加详细的规划，并立刻投入实施。同年12月就完成了两件大事：一是将巴图米分校租用的教学楼买下，成为学校新增资产，并从贷款中拨款60万拉里进行了大规模的装修改建；二是与地方政府签订协议，以后每年都将在巴图米投资50万拉里用于发展教育，并且除了大学分校之外，还要创办从小学至高中的系统教育。签订协议之后，她立即行动，仅仅半年时间，就完成了从小学到高中的创立，并正式开始招生。

巴图米作为政府大力发展的旅游城市，虽然它的未来似乎有着美好前景，但在此建立分校依然面临着巨大的困难。由于巴图米城市并不大，人口数量也只有12万左右，加之首都第比利斯作为全国政治、经济、文化中心，集中了全国最好的高等院校，因此大部分学生都会选择去第比利斯学习，在这里招生有着相当的难度。但即使是这样，玛娜娜对于分校学生的要求也丝毫没有降低，如果统一考试不合格，就会被建议转学。巴图米不但生源少，而且总体质量也不高，所以每一批的学生在结束了第一年的学习之后，几乎都有约40%的学生被要求转学。

另外一个困难就是师资难以保证。巴图米当地的文化并不发

巴图米分校（图片来自格鲁吉亚大学官网）

达，难以找到合适的老师，而从第比利斯到巴图米需要5个小时左右的车程，学校本部的老师往返于两地之间也实在不便，但这却是保证教学质量的唯一解决方法。玛娜娜为老师们提供了可观的额外奖励和补贴，鼓励他们去巴图米授课。巴图米分校也灵活机动地采取了集中授课的方式。老师们每个月去一次，每次集中上两周的课程。为此，分校还配备了14个教师宿舍。

巴图米分校从设立至今，玛娜娜每周都会去考察两次，从未间断过。尽管长途劳累，但玛娜娜还是丝毫不会浪费5个小时的路上时间，看文件、打电话等等，总是忙得不可开交。她在巴图米分校安排了宿舍，有时就住在那里。

帕马祖·卡克赫泽是巴图米分校的现任校长。他2011年毕业于格鲁吉亚大学商业管理专业，曾在校本部的书店工作过，由于表现优异，被玛娜娜调到巴图米担任校长，那时他只有24岁。他很感激玛娜娜的知遇之恩，并十分珍惜这难得的发展机会。虽然两人也时常发生争执，帕马祖希望学校更加现代、更有朝气，比如邀请更为国际化的年轻教师、使用更加前沿的教材等。而玛娜娜则倾向于邀请德高望重的专家学者来授课，使用经典教材，以提高分校的教学质量。但是在争执之后，两人总能寻找到最佳平衡点，达成一致意见。除了影响大局的关键决策，玛娜娜都放心地将分校交给年轻的帕马祖管理。但帕马祖每天都会主动汇报情况，让玛娜娜对分校的情况了然于心。

帕马祖说，我会尽心竭力将分校发展得更好，不仅成为巴图米最好的学校，更要成为周边地区最好的学校，我希望分校成为玛娜娜的骄傲。目前分校已有在校学生400多人，发展的势头相当不错。

巴图米分校让格鲁吉亚大学的办学规模得到了扩大，而国际交流则让格鲁吉亚大学具有了更为开阔的视野。以此为基础，格鲁吉亚大学走向世界教育舞台。

早在学校创办之初，从美国回来的雅帕就曾向玛娜娜建议招收留学生，玛娜娜很是动心，但那时学校的实力远远不能吸引留学生。即使在校园网上发布了招生广告，也只有为数不多的留学生通过电话或网络咨询，真正来学习的就更少。到2012年，学校的规模和实力都已大大增强，才正式大规模招收留学生，仅一年时间，就有300多名留学生前来学习，占到了总人数的近十分之一。各国留学生可以在这里进行商业管理、卫生护理、工程学等专业的本科学习与商业管理的研究生学习。留学生还可以在格鲁吉亚大学进行专门的外语学习。学校的语言中心能够提供英语、德语、法语、俄语、西班牙语、意大利语等多种外语的教学，并且配备了先进的学习设施。

与国际知名公司合作是国际交流的另外一个重要方面。格鲁

格鲁吉亚大学语言中心（图片来自格鲁吉亚大学官网）

吉亚大学与思科（Cisco）、微软、甲骨文（Oracle）等跨国公司有着直接的合作关系。学校里设有思科学院、微软研究院、甲骨文学院等，所有的学生都可以参加由这些公司设置的相关课程，并在专门的实验室里学习网络技术，只要通过考试就能获得各种国际承认的证书，比如CCNA（思科认证网络工程师）、CCNP（思科认证网络高级工程师）、MCSE（微软认证系统工程师）、MCSD（微软认证解决方案开发专家）、OCP（甲骨文认证数据库专家）、OCM（甲骨文认证大师）等等。每一个证书的社会培训与考试费用都需要数百乃至近千美元，对于人均GDP只有3000多美元的格鲁吉亚而言，这样的费用无疑是高昂的，使许多大学生或者刚刚参加工作的人员望而却步。但是在格鲁吉亚大学，这些课程的学习与考试是完全免费的。这样优越的学习条件在全国绝无仅有，乃至在整个高加索地区也是唯一的。学生们有了这些全球认证的证书，在就业与工作中便显示出了不一样的优势，为他们的未来发展提供了更多机会。

为了让学校真正在国际教育界打开局面，赢得更高的地位与更多的发展机会，玛娜娜致力于与世界各国高等院校之间的合作。格鲁吉亚大学目前已经与世界上20多个国家和地区的近30所学校有着良好的合作关系，如美国纽约州立大学、英国伦敦大学、意大利罗马大学、埃及开罗大学、土耳其法提赫大学……这个数字还在不断地增加。在国际教育界的各种学术会议与交流活动中，格鲁吉亚大学也相当活跃。2006年由中国传媒大学举办的第三届“世界大学女校长论坛”，茱莉雅与玛娜娜作为格鲁吉亚大学的创办者都积极参与。在论坛中，她们与世界各国的大学女校长进行了深入的交流探讨，并参观了中国多所高等院校，对中国高等教育的飞速发展极为推崇。回国后，她们在学校里开设了汉语培训班。

玛娜娜代表格鲁吉亚大学与美国斯克兰顿大学校长哈罗德·W.贝利签署合作备忘录（图片来自格鲁吉亚大学官网）

随着学校规模的不断扩大与国际交流合作的逐步推进，玛娜娜将学校未来的发展规划分为纵向与横向两个方面。纵向是继续走系统教育的道路，从幼儿园时期的启蒙开始，到小学、中学、大学，以先进的教育理念与教学方法培养具有较高综合素质的不同专业领域内的精英人才；横向则是走国际合作的道路，为学生提供更多接触先进文化与不同文明的机会，开阔他们的思维与视野，使其成为更加开放的国际性人才。玛娜娜不遗余力地推行着这两条道路，并取得了显著的成果。

2013年7月，由于为格鲁吉亚教育发展做出了突出贡献，玛娜娜荣获了“总统勋章”。“总统勋章”是国家为奖励在各行各业中做出卓越贡献的国家精英而设立的，从格鲁吉亚国家独立至今仅有70多人获得，这一届包括玛娜娜在内也只有3位不同行业的杰出人士获得，是国家级别的最高荣誉。

颁奖那天，第比利斯的总统府内气氛热烈，出席者多是来自全国著名高等院校的不同学术领域的专家学者与政府高层官员，勋章获得者的家属也被邀请观礼。

当玛娜娜接过总统萨卡什维利亲自颁发的证书与勋章时，她的心情无比激动。

这一刻，玛娜娜为自己感到由衷的自豪和骄傲。

这一刻，所有的家人、朋友还有格鲁吉亚大学的师生都沸腾了，正是他们见证了玛娜娜依靠自己的努力一步步成长为学术领域、教育领域的领军人物。

“十年磨一剑”。格鲁吉亚大学从最初的两间废弃教室到如今

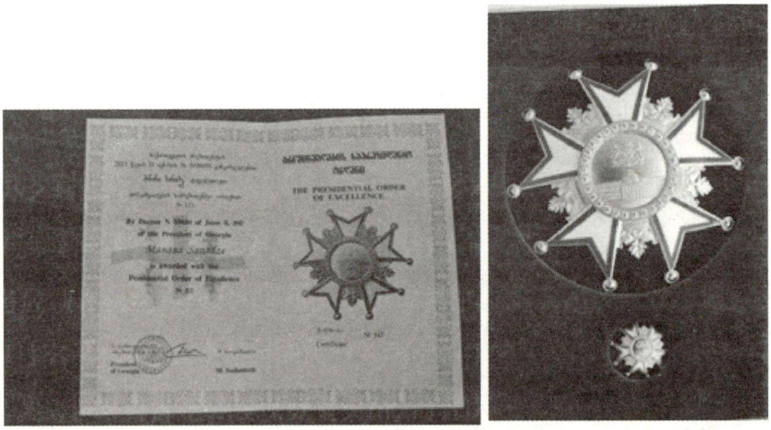

玛娜娜荣获“总统勋章”的证书与勋章

成为格鲁吉亚乃至高加索地区规模最大的私立大学，经历了整整10年时间。在这10年间，作为创始人的玛娜娜有欢笑、有痛苦、有喜悦、有焦虑……

回想走过的这些年，她淡然地总结道：“我的人生很简单。去掉不谙世事的童年时代，10年给了国际象棋，10年给了学术研究，20年给了我的工作和家庭，10年创办了格鲁吉亚大学。我从不后悔，我的任何选择都是来自心灵深处最由衷的热爱。”

对于呕心沥血、殚精竭虑之类的赞美之词，玛娜娜只是一笑了之，淡淡地说：作为格鲁吉亚的一分子，我不过是为自己国家和民族的发展做些力所能及的事情罢了。当有一天我再也追不上这个时代，年轻人就应该完全取代了我，而我会很高兴地回到我的格鲁吉亚历史学术研究中去，终其一生。

后　记

格鲁吉亚大学校长玛娜娜·萨那泽的传记终于完成，在如释重负的同时也颇有一丝失落。这一年以来，早已习惯了在工作的间隙打开电脑搜集任何关于格鲁吉亚的资料，或是写上几句再涂涂改改。

格鲁吉亚，一个遥远的国度；玛娜娜·萨那泽，一个陌生的女子。从来没有想过，会有这样一种缘分。

2013年的夏天，在格鲁吉亚短短十天的采访中，我完全抛却了自身，全身心投入到这个异国杰出女性的世界中去：她的家人、她的朋友、她的同事、她的学生、她童年时的旧居、她少年时的学校、她结婚时租住的房子、她创办的大学、她海边的别墅……将近一百个小时的采访资料完整地记录了那段时间马不停蹄的节奏。

感谢玛娜娜，愿意对我这样一个来自万里之外的陌生闯入者敞开心扉，并且按照我的需要联系了所有能够接受采访的人。尽管由于时间是暑假，许多重要的当事人因为在外地度假无法接受采访，为这本传记留下了些许遗憾。但是总体而言，采访工作非常顺利。当我即将离开之时，玛娜娜看着我的眼睛："我不会影响你的写作，只希望你能客观写出你所了解到的玛娜娜。"这样的真诚信任几乎让我受宠若惊。

感谢阿依格丽，我的俄语翻译，陪我一同经历了这段难忘旅程。来自哈萨克斯坦的阿依格丽那时只有19岁，是中国传媒大学大一的留学生，却熟练地在汉语、英语、俄语之间自由转换着，成为采访过程中不可或缺的助手。

值得感谢的人有许多。如果没有我的博士生导师胡智锋教授与师兄周建新的鼓励，还有课题项目负责人刘继南校长与出版社编辑李水仙老师的信任，我很难有机会加入到一个如此规模庞大的课题项目中去。感谢责任编辑李艳华老师为这本传记做的许多努力。还要感谢格鲁吉亚驻华大使馆的Archil在签证、信息等方面给予的友好帮助。

还要感谢我的家人，如果没有他们的支持与帮助，让我没有任何后顾之忧，我同样难以完成这本传记。尤其是我的先生，帮我字斟句酌地提炼标题，并提了许多有建设性的意见。

需要说明的是，书中所用的老照片全部由玛娜娜本人提供，部分校园照片来自格鲁吉亚大学的官方网站，作者是米切尔·彻彻波什维利，其余由作者本人拍摄。

至于说到个人的一点小遗憾，便是没能抱着欣赏的眼光好好领略一下格鲁吉亚的美景，不论是古香古色的第比利斯，还是现代时尚的巴图米都是匆匆而过，至于闻名遐迩的博尔若米矿泉疗养区、斯大林的故乡哥里更是无缘一见。

期待再会吧！

王 锟

2014年6月11日

图书在版编目(CIP)数据

玛娜娜·萨那泽——格鲁吉亚大学校长/王锟著. —北京：
中国传媒大学出版社，2014.9
ISBN 978-7-5657-1117-6

Ⅰ.①玛… Ⅱ.①王… Ⅲ.①萨那泽，M.—人物研究
Ⅳ.①K833.675.46

中国版本图书馆 CIP 数据核字（2014）第 168718 号

玛娜娜·萨那泽——格鲁吉亚大学校长

著　　者	王　锟
责任编辑	李艳华
责任印制	阳金洲
封扉设计	创意源文化艺术
出 版 人	蔡　翔
出版发行	中国传媒大学出版社
社　　址	北京市朝阳区定福庄东街 1 号　邮编：100024
电　　话	86-10-65450528　65450532　传真：65779405
网　　址	http://www.cucp.com.cn
经　　销	全国新华书店
印　　刷	三河市东方印刷有限公司
开　　本	670mm×970mm　1/16
印　　张	11.25
字　　数	121 千字
版　　次	2014 年 9 月第 1 版　　2014 年 9 月第 1 次印刷
书　　号	ISBN 978-7-5657-1117-6/K·1117　**定　　价**　39.00 元

国家出版基金项目　教育部人文社科重大委托项目

探寻世界女子高等教育的发展轨迹　展现大学女校长的治校理念与风采

“世界大学女校长　女子大学”丛书

总顾问　陈至立　　主编　刘继南

丛书涉及23个国家的女子高等教育　34个国家80余位大学女校长

吴贻芳——金陵女子大学校长
谢希德——复旦大学校长
常沙娜——中央工艺美术学院院长
庞瑶琳——北京化工学院院长
陈乃芳——北京外国语大学校长
回春茹　张礼玺——中华女子学院院长
山红红——中国石油大学校长
胡大白——黄河科技学院院长
秦　和——吉林华桥外国语学院院长
包德明——台湾铭传大学校长
钟期荣——香港树仁大学校长
成嘉玲——台湾世新大学校长

阿丽扎·申哈——以色列厄梅克学院院长
戴·叶布瑞——澳大利亚麦考瑞大学校长
居尔松·萨拉莫——伊斯坦布尔科技大学校长
杰奎琳·里博格特——美国埃莫森学院校长
克里斯汀——冰岛大学校长
坤仁·苏查达·吉拉南——泰国朱拉隆功大学校长
玛利亚·埃莱娜·纳扎雷——葡萄牙阿威罗大学校长
玛娜娜·萨那泽——格鲁吉亚大学校长
玛维琳娜·秀茨——美国迪拉德大学校长
曼珠·米舍尔——尼泊尔新闻与大众传播学院院长
英格瑞德·莫西斯——澳大利亚新英格兰大学校长
朴东顺——韩国东西大学校长
水田宗子——日本城西大学校长
张蕴礼——夏威夷大学希罗分校校长

朱迪斯·甘丽雅——新西兰梅西大学校长
朱迪斯·伍兹沃斯——加拿大康考迪亚大学校长
朱慧琼——津巴布韦非洲女子大学董事长

澳大利亚大学女校长
大学女书记们
大学女校长们
俄罗斯大学女校长
法国大学女校长
非洲大学女校长
芬兰大学女校长
韩国大学女校长
美国常春藤大学女校长
美国五姐妹女子学院校长
塞尔维亚大学女校长
意大利大学女校长
印度大学女校长
英国大学女校长
中国大学女校长

世界女子大学
美国女子大学
韩国女子大学
日本女子大学
中国女子高等教育

智慧的靓影——世界大学女校长论坛精彩瞬间

传媒人书店
（For IOS）

微信关注我们

访问我们的主页

丛书相关资源和中国传媒大学出版社信息　网站下载 http://www.cucp.com.cn
世界大学女校长论坛及丛书信息　网站下载 http://lady.163.com/special/sense/nvxiaozhang.html